칼국수 이어폰

시와문화의 시집 019

칼국수 이어폰

박몽구 시집

시와문화

■시인의 말

한겨울에도 불에 데인 듯
빨간 열매를 건네는 천남성을
독배인 줄 알면서도
비켜갈 수 없다.
시는 그렇듯 내게 치명적인 유혹이다.
피안으로 가는 시계 흐린 날
눈이 맑은 시 한편 만나기를
기대하며 그 유혹과 맞선다.

|차   례|

■ 시인의 말 _ 5

제1부 나사를 보면

천안행 새벽열차 _ 12
나사를 보면 _ 14
검은 발레슈즈 _ 16
에티오피아 커피 _ 18
명자꽃 입술 _ 20
코스모스 _ 23
잃어버린 이름들 _ 24
천지 가는 길 _ 26
해망동, 느리게 가는 _ 28
꽃은 상처를 안으며 핀다 _ 30
FM 라디오를 안고 _ 32
강가에서 _ 35
음화 _ 36
쑥대머리 _ 38
홍도 풍란 _ 40

제2부 스피커를 찾아

칼국수 이어폰 _ 42
스피커를 찾아 _ 44
소리 굽는 밤 _ 46
알 수도 있는 사람 _ 48
수간주사 _ 50
원대리 황태덕장 _ 53
시인의 빈 손 −김규동 시인을 그리며 _ 54
시인의 넓은 등 −김남주 형 20주기에 _ 56
우이도 사구를 넘으며 _ 58
서귀포로 오는 봄 _ 60
제주도 몽돌바당 _ 62
애월에 가서 _ 64
머체왓 숲 천남성 _ 66
이중섭네 마당의 천남성 _ 42
뿌리 서점 _ 70
옹이 _ 72
청춘열차 _ 74

제3부 바다 열차

이규보의 묘 _ 76
부석사 가는 길 _ 78
대설 _ 80
바다 열차 _ 82
청해 모래언덕 앞에서 _ 84
티벳 조장(鳥葬) _ 86
불꽃 _ 88
브람스를 듣는 밤 _ 90
늪 _ 92
피에타 _ 94
붓꽃이 필 때 _ 96
장사동 골목을 느리게 걷는 _ 98
카메라의 눈 −황학동 시장의 저녁 _ 100

제4부 느릴수록 잘 보이는

노량진 바디샵에 들러 _ 102
느릴수록 잘 보이는 _ 104
거조암 정주존자에 기대어 _ 106
신주쿠, 구름다리, 신촌 –소녀는 진화한다! _ 108
신주쿠, 구름다리, 신촌 –카페 베네똥 _ 111
안양천의 가을 _ 113
분재 _ 114
렌즈에 담은 시 _ 116
웰빙 꼬꼬 _ 118
모차르트의 편지 _ 120
공세리 성당 길 _ 122
불란서 안경원 _ 124
침묵의 사선 _ 126
모란역 수퍼수퍼마켓 _ 128

제5부 벼랑의 노래

삽화 _ 132
남광주역 _ 134
페루에서 온 악사 _ 136
마리산을 오르며 _ 138
벼랑의 노래 _ 140
빌리 할리데이와 함께 _ 142
하늘 정원 _ 144
슈베르트를 듣는 밤 _ 146
바다가 숲 사이로 _ 148
청해호반에서 _ 149
몽탄에 가서 _ 150
학림 다방에서 _ 152

■ **해설** - 세상을 비추는 다섯 갈래 빛
-「칼국수 이어폰」을 읽고/ 양균원 _ 153

제1부
나사를 보면

천안행 새벽열차

이제 홰치는 소리 대신
철길을 누르며 달려가는 열차 소리에 잠을 깬다
어둠의 긴 장막을 찢으며
남쪽을 향해 치닫는 새벽 첫차 손님은
인사깔 없는 사람이 아니다
젖은 혀로 벽을 올라가는 쇠손,
상처도 남기지 않고 베니어합판을 자르는 톱이며
제 무리를 뭉개며 못을 내려박는 망치
숨어 있는 나뭇결을 살려내는 대패들이
사람들보다 더 넓게 자리를 차지하고 있다
수원 아래 병점까지 혼곤한 머리를
새벽 공기에 말끔히 씻어내고 있다
아직 잠의 더께가 덜 떨어진 사람들
통유리창 희부옇게 밝아올수록
잠의 사원 속으로 더 깊숙이 발 들여놓을 때에도
집을 지을 생각에 몸이 달아 있는 듯
해진 가방 사이로 비쭉 얼굴을 내민 연장들이
잠든 사람들끼리 기대도록 놔둔 채
달그락거리며 어둠 속에서 한 뼘씩 길을 건진다
빠진 이들을 모아

새벽 공기를 맑게 다듬는다
제 길을 잘 가던 비행기를
원격 조정으로 후진시키고
남들은 이십 년 숨 가쁘게 달려도
달기 어려운 완장을
마음만 먹으면 언제든지 다는 사람들 넘치지만
어둠 속에서도 깨어
새벽 바다로 달려가는 것은
때릴수록 곧게 허리를 펴는 쇠못임을
저는 난장에 눈보라를 등지고 있으면서
사람들에게 몰아치는 찬바람을 막으며
벽을 올라가는 쇠손임을 알 것 같다
사람들이 모자란 잠을 모자이크처럼 깁는 시간
어제의 상처를 말끔히 잊고
가방을 헤치고 나와 맑은 얼굴로
새벽 공기를 달게 잘라 나누는
톱들의 가지런한 치열을 보면…

나사를 보면

남들은 나사를 굳게 조여야 한다는데
나는 나사를 보면 다 풀고 싶다
내 나이보다 더 늙은 라디오에서 흘러나오는
빌리 할리데이의 흐린 재즈를 듣다 보면
라디오 뒤쪽으로 가 나사를 풀고
낡은 덮개를 연 다음
꼭 조여든 멱살을 풀어주고 싶다
늙은 진공관에 달라붙은 먼지를 털어내
그녀의 쉬고 지친 목소리에
봄볕 한 줌 얹어주고 싶다

분장실 한 구석에서 가슴을 드러낸 채 마약을 했다고
옐로우 페이퍼들은 지면을 도배하지만
갑갑한 라디오 캐비닛에서 꺼내
할리데이의 등에 지렁이가 기어간 듯
구불구불 패인 채찍 자국을 가려주고 싶다

주말 저녁 심수봉의 노래를 듣다 보면
후줄근한 가을비도 내리지 않는데

나도 모르게 횡격막이 팽팽하게 젖는다
그런 밤에는 티뷔의 나사를 풀고
궁정동 밀실에 묶여 있는 심수봉을 꺼내
가슴 깊이 잠복한 피멍을 풀어주고 싶다

다들 나사를 조이기에 바쁜 세상
스위스 비밀금고에 뭉칫돈을 넣은 채
보이지 않게 나사를 조이고
팽목항에서 사라진 일곱 시간이 담긴 파일을
꼭꼭 조인 나사는
대가리를 뭉개버려 풀 수도 없다

손석희의 뉴스 룸은 넓지만
할 말은 끝내 물 밑으로 잠겨 나오지 못하고
겉으로 화려한 쇼들로 시끄러운 저녁
나는 늙은 라디오의 나사를 푼다
먼지 성성한 스피커가 삼켜버린 말들을 찾아
비밀의 켜들을 연방 털어낸다

검은 발레슈즈

꽃샘추위가 생인손을 저릿하게 파고드는 삼월, 고양 아람누리 극장에서 러시아 발레단의 신데렐라 공연을 보았다. 두 시간이 넘는 공연 내내 발끝으로 온 무대를 누비고 다니는 무용수들의 날개옷이 눈부시다. 손으로 짚으면 금방이라도 잡힐 듯 잘록한 무용수들의 허리에서 기지개를 켠 담양 대나무처럼 맑은 소리가 날 것 같다. 유리구두에 발이 맞지 않아 종종걸음을 하며 무대 뒤로 밀려나는 무용수들을 따라가다가, 나도 모르게 허공을 긋는 무용수들의 발이 눈에 밟혔다. 팔랑팔랑 나비처럼 나는 천사라고는 생각할 수 없이 드러난 발레슈즈 코가 피멍이 든 듯 새까맣다. 새까만 멍이 바닥을 쉴 새 없이 누빈 끝에 거울이 된 것을 비로소 알았다. 반질반질해진 바닥에 무용수들의 몸매가 비치지만 왠지 만져지지 않는다. 온몸을 던지는 무용수들의 발 동작을 따라 허공을 젖은 눈시울로 훔쳤다.

라디오 수리상이며 골동품 가게들이 비좁게 어깨들을 맞댄 종로 장사동 골목을 지난다. 한여름 더위를 마다않으며 헐겁게 런닝만 걸친 선반공들이 끼니를 잊은 채 쇠를 깎는 모습 앞에서 한참이나 자리를 뜨지 못한 적이 있다. 쉬익쉬익 대패로 나뭇결을 밀어내듯 쇠의 살결을 밀어내자 다슬기 모양 잘 파인 나사가 나오기도 하고 비너스가 탄생하듯 반질반질한 앰프 손잡이가 모습을 드러낸다. 처마를 맞댄 집에서는 차가운 쇠를 주물러 따스한 소리를 내기도 하고, 꿀꺽꿀꺽 목마른 집마다 물소리를 나눠주는 수도꼭지를 빚어내기도 하는 마이다스의 손을 본다. 문득 티 없이 매끈거리는 쇠의 살결 아래 새까맣게 뭉개진 손을 서둘러 감추는 장인을 본다. 닳아 없어진 지문을 타고 땀 범벅 쇳가루들이 강을 이루어 흘러내리고 있다.

에티오피아 커피

  창문을 굳게 닫아걸수록 명자꽃 향기는 더욱 곤혹스럽게 비집고 든다. 그런 봄날 밖으로 뛰쳐나가고 싶은 아이들에게 리포트 쓰는 법을 가르치다 보면 금세 벽이 높아진다. 건축 설계 도면을 그리느라 밤샘을 하다 온 아이들에게, 볼펜을 눌러가며 원고지 빈 칸을 메우는 법을 일러주다 보면 강의실은 벌써 여름이다. 좁은 취업문을 곧잘 통과하려면 섹시한 옷차림보다 술술 말할 수 있어야 한다고 떠들다 보면 시간은 늦이 된다.
  삐뚤빼뚤 볼펜으로 원고지를 메우는 아이들을 보며, 5월 5일자 아침 신문을 뒤덮은 사진을 떠올린다. 아이들의 활짝 웃는 얼굴이 실렸어야 할 자리에 100억원대가 넘는 주식 부자 아이들이 7명이나 된다는 기사가 넓게 자리를 차지하고 있다. 출발 지점부터 벌써 따라잡을 수 없는 자리에 선 아이들에게, 생각을 조리 있게 글로 옮기는 법을 가르치다 보면 슬그머니 미안해진다. 꼬인 문장을 볼펜으로 북북 그으며 펴주고, 앞뒤가 바뀐 말들을 제자리에 옮기라고 침이 마르도록 떠들면서, 정작 문 하나 열어주지 못하는 내가 부끄러워진다.

  그런 봄날에는 아이들이 원고지를 메우는 동안 멀리

에티오피아에서 건너온 원두의 향에 빨려든다. 검은 커피 향에서 문득 진종일 허리 한번 제대로 펴지 못하면서 뙤약볕 아래서 커피 열매를 따는 흑인 여자의 흥건한 땀 냄새를 맡는다. 쌉쓸한 맛 저쪽에 감춰진 흑인 노동자들의 눈물을 홀짝홀짝 마신다. 검은 무역상들이 금고를 거두어 간 자리에 남은 상처와 벗어던질 수 없는 굴레를 본다.

  아이들이 좁은 문으로 들어설 수 있도록 매끄러운 문장을 만들고, 밤을 낮으로 바꾸어 그린 설계도를 펼쳐든 채 면접관들 앞에서 더듬거리지 말고 생각을 풀어놓아야 한다고 몇 번이고 일러준다. 원고지를 다 메우기 전에는 명자꽃 흐드러지게 핀 밖으로 나갈 수 없다고, 한 손에는 팝콘을 쥔 채 콜라를 빨며 영화를 보는 재미도 죽여야 한다고 큰 소리 치려다 만다. 출발선에서부터 땀 흘리지 않은 주식 통장을 들고 앞서 달려나간 친구들을 따라잡을 수 없다는 말을 끝내 삼킨 채 뜨거운 커피 한 모금으로 간절한 성대 근육을 누른다.

명자꽃 입술

높은 담을 보면 왠지 넘어가고 싶다
관음을 용서할 수 없다는 듯
넘보지 못하도록 높게 올려진 벽돌담 위로
비쭉비쭉 솟은 가시철망을 보면
녹물이 든 하늘이 내려올 것 같다

그렇듯 억제하기 어렵던 관음의 유혹도
낮은 담장을 만나면
칼국수 풀리듯 슬그머니 허물어져 버린다
낡은 아파트 단지를 에워싼 반포천 둑길
무표정한 잿빛 벽돌담이 허물어진 자리에
키 작은 명자나무 울타리가 들어선 봄날
남쪽으로 열린 통유리창에
낡은 소파와 담백한 오디오가 놓인
맨살이 훤히 비치는 집들이
봄 햇살을 맞아 밝게 웃고 있었다

출근 시간에 대기 빠듯할 때에는
샐러리맨들이 무시로 질러가기도 하고
공터에서 차올린 아이들의 공이 넘어가도

훌쩍 넘어가 주워올 수 있게 되었다
밤이면 흡연 구역을 찾던 친구들이
슬쩍 젖히고 으슥한 곳을 찾기도 하였다
명자나무는 사람들을 가로막기는커녕
서둘러 가는 사람들의 발길에 치여
어느 새 발등이 뭉개지고 맨몸이 드러나
봄물 한 줌 올리기도 쉽지 않게 되었다

더 이상 넘지 못할 벽도
금단의 경계선 구실도 못하는
볼품없는 난쟁이나무
가시나무처럼 단호하게 화내지도 못하는
명자나무가 얼굴을 바꾼 적이 딱 한번 있다

산수유도 왕벚꽃도 다 져버린 봄날
비로소 흐드러지게 핀 명자꽃
빨간 루주를 바른 입술 앞에서
키 작은 울타리를 재빠르게 넘어
출근길을 서두르던 사람들은
저도 모르게 우뚝 멈춰 서고 말았다
가시들이 서슬 퍼렇게 솟아 있어야 할 자리에
맑은 향기 한줌 건네주는 명자꽃
차마 밀치고 갈 수 없었던 사람들은
한 바퀴 빙 돌아

아파트 출구를 지나서 전철역으로 갔다
그날만은 가방의 무게가 돌멩이 하나쯤 빠졌다
먼 길을 지치지 않도록
명자꽃 향기가 석등을 환히 켜고 있었다

코스모스

가을 물소리 지줄대는 안양천
하늘거리는 코스모스 한 송이
파란 하늘 힘껏 들어올리고 있다
먹장구름 아무리 몰려와도
네가 맑은 얼굴 씻으면
활짝 걷히고 만다
뜨거운 남쪽 바다 파랑 몰고온 바람
제아무리 심술궂게 흔들어도
가는 네 허리로 넉넉하게 맞고 있다
내 영혼의 뿌리 끝까지 매만져
맑은 강물로 풀리게 한다
징검다리 놓아 끊어진 강 저쪽에 닿아
높다랗게 선 회색의 벽 너머
넓은 세상 활짝 열어 준다

잃어버린 이름들

하지 뒤끝에 몰려오는 무더위를 피해
백두산 아래 연변에 왔다
눈이 맑은 윤동주가 묵었음 직한 여숙에 몸을 눕힌다
침대는 아귀를 맞추느라
전전반측 뒤척일 때마다 삐걱거리고
바퀴벌레의 아지트가 바로 여기라는 듯
퀴퀴한 냄새가 배어 나왔지만
왠지 고향집에 온 듯 편안하다
서울에서 온 사람들은
기름 범벅 식사에 금세 입맛을 잃고
젓가락을 들다 말고 햄버거를 찾았지만
나는 이국의 거리를 걷는 게 즐겁다
한글이 한자 위에 크게 쓰인 간판들을 보며
윤동주가 여윈 몸을 두던 거리가
나는 왠지 따스하고 친밀하게 다가와
낡은 벽에 마음의 시를 써본다
맥도날드와 캔터키 치킨,
스타박스 커피숍에 빼앗긴 혀를 되찾은 것 같다

기쁨 다방, 금강산 김, 역전 가루음식점, 맑은샘 미용원, 통달목공기계, 큰발슈퍼, 뽀뽀 아기용품, 영자장국집, 솔향정육점, 여가여관, 복리 펨점, 진달래컵 무용 경연대회…

서울에서는 국어사전에서 사라진 지 오랜
수수한 무명천 맛이 나는 모국어들이
칠이 군데군데 벗겨진 간판들에 새겨져 있다
삐걱거리는 문을 밀고 들어가면
오랜 기다림으로 눈이 움푹 패인
어머니가 반갑게 손을 맞잡아줄 것 같다
정작 독립군의 후예로 태어나
먼 북쪽에 둥지를 튼 사람들은
한집도 빠짐없이
물 건너 서울로 돈벌이를 떠나
자칫 자치주 자리마저 내줘야 될지도 모른다는데
나는 '목포 아구집'에서 오지 않는 사람을 기다린다
사람살이는 돈과 비례하지 않는다는 듯
옛 모습 그대로 문을 밀고 들어올 친구를
해쓱한 그리움으로 기다린다

천지 가는 길

천지는 좀처럼 얼굴을 보이지 않았다
늠름하게 하늘을 향해 두 팔을 올린 자작나무도
해발 2천미터를 넘어서자
얼음의 도가니에 든 땅에
더 이상 발붙이지 못한 채
설 자리를 잃어 버렸다
자작나무 숲 빽빽하게 서있어야 할 자리에
 키 작은 사스레나무, 제자리를 굳게 지키는 각시투구꽃,
 암벽에 스민 물 한 방울도 놓치지 않는 바위구철초, 사막잔디 들이
 체온을 잃지 않으려는 듯
 여름에도 찬바람 몰아치는 산비탈에
 낮게 엎드려 있다

산 아래 이도백하에 새벽 비 한줄기 뿌리던 구름
하늘의 일을 얕보지 말라는 듯
천지로 접어드는 산길이 가까워 오자
습자지에 먹물 번지듯 몸집을 불린다

사람의 발길이 닿기 쉽도록
백운봉 정상까지 시멘트길을 깔았지만
천지는 먹구름을 풀어 얼굴을 가려버린다
잃어버린 정신의 영토를 찾아왔지만
백두대간의 원점은 소실되고
낯선 중국인들이 한국전쟁 때 인해전술을 펼치듯
백두산 신령에게 가는 길
사람의 독기로 가득 채워서
진달래꽃 향기 한 점 맡을 수 없다

멀쩡한 하늘이 갈라지며
내려갈 방향마저 잃은 천지길 내내
부슬부슬 내리는 건들장마
찾을 것은 한 뼘 땅이 아니라
넉넉한 정신의 거처라고 일러준다

고구려인들이 말 달리던 길도 빼앗고
대조영의 국적마저 빼앗아
흐린 안개 속으로 던진 중국인들에 떠밀려
지금은 비록 남의 땅이 되었지만
허허벌판에 씨를 뿌려
옥토로 가꾼 옛 간도인들처럼
마음에 맑은 천지 하나 안고 내려온다

해망동, 느리게 가는

금강 하구 둑 완강한 팔뚝에 묶인 강물이
바다로 갈 길을 찾지 못한 채
제 풀에 지쳐 늪을 이루고 있었다
물이 억센 손을 잠시 뻗지 못하는 사이
장항 철교를 건너 군산에 가서
이무기가 살고 있는 서까래 몇 군데 들춰 보았다
옛 군산 세관 새는 양철지붕에
묶여 있는 시간 몇 두릅 풀어 주었다
장항과 익산을 잇는 철길 새로 놓였지만
기적 소리가 멈춘 경암동
옛 철길 부근을 맴도는 느린 시간이 살갑기만 하다

기차게 달리면 금세 함께 날아갈 듯 녹슨 철길에 바싹 붙은 부엌살림 판잣집 벽에 걸린 이발소 그림이 오랜 친구처럼 따스하게 손을 건네 왔다 도선장 부근에 부산하게 모이던 어화들 썰물에 떠밀려 사라지고 헤프게 문을 연 채 늘어선 횟집들 객지 맛 자아내느라 왁자지껄 떠들고 개펄의 숨을 막으며 점령한 새만금 둑, 농지 뭉개며 들어앉은 자동차 공장, 세상은 달라졌다며 분칠한 새 차들 쏟아내지만 비를 긋기에 아쉬운 난쟁

이 처마에 어깨 부딪치며 겨우 지나가는 골목이 따뜻하다

   새로 놓인 철길로 달리는 급행열차
   갈 길을 서두르느라 서둘러 북북 지워버린 풍경들이
   서울에서 깊게 베인 상처를 아물게 한다

   마음의 간이역, 문득 잊혀진 채만식의 생가를 찾아 땅거미를 밀어낸다

꽃은 상처를 안으며 핀다

경칩이 훌쩍 지나가며 마음을 휘저어 놓은 탓일까
마감뉴스도 지나 티뷔에 후줄근하게 비 내려도
꿈길이 더욱 멀어지는 밤
시디 트레이에 자크린느 뒤프레를 얹는다
그의 첼로로 콜 니드라이를 듣고 있으면
붉은 가시에 뒤덮인 상처도 따뜻하게 만져진다
파르스름하게 타는 진공관 불빛…
근육이 야금야금 굳어가는 루프스병을 이기며
뒤프레가 쟁기로 굳은 땅 갈아엎듯
선연하게 소리의 숲을 일구는 걸 보면
신의 목소리는 먼 데 있는 게 아니라
지금 이곳에서 황무지를 유채꽃밭으로 바꿔가는 것이라고
가시관이 상처를 더욱 파고들수록
영혼의 피륙은 한땀 한땀 더 탄탄하게 짜인다고
풍만한 가슴을 흘러내리는 첼로 선율이 묵묵히 일러준다
아무리 통곡의 벽으로 몰아붙여져도
해야 할 일이 있는 남아 있는만큼
조금도 두렵지 않다고

음악은 멋들어지게 부벼대는 활
갈채 쏟아지는 무대를 등진 채
상처에게 쉽게 화 내지 않고
사랑할 때 상처 저 깊은 곳에서
오롯이 피어오르는 꽃이라고
꼭 짜인 악보를 집어던진 채
그만의 카텐자를 열어가며 뒤프레가 일러준다
손이 굳어갈수록 더욱 치열하게 첼로를 껴안는
그를 생각하면 빼앗긴 강의실
잃어버린 마이크도 부끄럽지 않다
안락한 의자 버리고서도
진흙탕에서 더 오래 가는 향기 지닌 시 건지리라
미명이 벗겨지도록 보이차 몇 잔과 함께
석고가 되어가는 손 대신
활짝 날개를 편 영혼
풍만하게 첼로에 옮겨 놓는 뒤프레를 듣는다
넥타이를 맨 채 여가를 즐기는 관객들에게 등을 돌린 때
　비로소 음악의 뜰 활짝 열리듯
　미명을 벗기며 봄꽃 한 송이 피워 올린다

FM 라디오를 안고

가락시장에 들렀다가 배추는 버려두고
나이가 환갑은 족히 넘은 라디오만 안고 왔다
온몸에 상처투성이인 친구를 데려다
거즈로 온몸을 닦아 때를 벗겨내고
비타민 제재 같은 기름을 먹여주었다
그런 다음 환자에게 링거액을 흘려 넣어주듯
조심스럽게 전기를 흘려 넣어주자
금세 생기를 차리고 첫사랑 같은 소리를 낸다
개펄에서 건진 듯 갈라졌으면서도
따스한 목소리를 내주는
재즈 가수 빌리 할리데이가 금방이라도 나올 것 같다
상처투성이 몸을 일으켜
넷킹 콜과 카잘스의 육성을 들려주는
늙은 진공관 튜너가 서재 속에서 나와
깔끔하고 멋진 디지털 티뷔
목소리 위아래를 자른 엠피쓰리, 금속성의 매끄러운
컬러링을 탑재한 스마트폰들이
얼마나 거짓으로 뭉쳐져 있는지 귀띔해 준다
살아있는 소리는 커터와 디코더로 자르고 봉합한 것

아닌
 시장 바닥에서 뒹구는 사람의 육성을 담은 것이라고
 개펄에서 건진 진주조개와 같은 것이라고
 빌리 할리데이가 늙은 라디오에서 나와
 흐리고 젖은 목소리로 감싼다

 손에 잡히지 않는 것들이
 더욱 또렷하게 보인다
 온몸이 상처투성이인
 50년대 라디오를 들여다 놓고 듣는 동안
 문득 취한 목소리를 들려주는 빌리 할리데이,
 유태인 수용소에서 빠져나와 피아노 건반을 누르는
 클라라 하스킬이 부드럽게 손을 얹는다
 조그만 라디오에서 나왔으리라고는 생각할 수 없는
사람들이
 책을 밀어내고 서재를 가득 채운다
 그들이 연방 책장을 넘기며
 잠 못 들게 한다
 손바닥만 한 라디오 속에 저렇게 많은 사람들이
 아귀다툼 없이 살고 있다니!
 이리저리 뒤집어 본다
 낡은 진공관에서 털려 나오는 먼지를
 헤치고 나온 빌리 할리데이가 크고 맑은 눈으로 말
한다

영토는 얼굴 모르는 백인들의 손아귀에 묶인
땅에만 있지 않다고
철거지에서 쪽잠을 자는 산동네 사람들에게도
일생 땅이라곤 딛어 본 적 없는 뱃사람에게도
돈 없어도 뜨겁게 사랑을 간직한
연인들에게도 넓게 있다고 일러준다
땅 한 뼘 없어도
따스한 사람들의 가슴만큼
넓은 땅은 없다고
부드럽게 입술을 부벼 온다

강가에서

비 개인 안양천을 본다.
밤새 실컷 울고난 여자의 눈자위가 가라앉듯
퉁퉁 부었던 강물이 쑥 빠졌다
갈대밭 아래로 수위가 내려가면서
장마의 완강한 팔뚝에 붙들려
떠밀려 온 것들이 백병전 뒤끝처럼 널렸다.
내장이 뒤집어진 냉장고, 이빨에 찢긴 라면 봉지,
아직 달려야 할 길 많이 남았다는 듯
쏘에 갇혀 빙빙 도는 폐타이어,
아버지의 고단한 하루를 위로하다 버려진 소주병 들이
강가에 주인 없는 무덤처럼 헤집어져 있다.
문득 갈대숲 안쪽 습지에서 들려오는 함성
모처럼 물을 만난 맹꽁이들이 짝을 찾는다
덩달아 풀여치 쓰르라미들 켜대는 악기 소리
매연으로 막힌 귀를 맑혀 준다
백화점 기둥 휘청이도록 넘치던 물건들
죄다 무덤으로 휩쓸려 간 뒤
강가에 버려졌던 풀숲 가족들의 합창
장마로 사라진 길 시원하게 연다

음화

벌써 몇 년째 종이책을 집어든 적이 없다
가을 들어서도 내 책 읽기는
충무로 필름 출력소에 처박혀
반대로 상이 맺힌 필름을 보는 것으로 충분했다
좌우가 바뀌고 명암이 뒤집힌 활자들
나올 곳과 들어갈 곳을 분간할 수 없게
둥둥 떠다니는 사진들만이
내 눈에 비친 세상이었다
흐릿한 윤곽 속에 숨은
말들의 풍경을 빼앗기지 않으려고
한밤중에도 눈을 감지 못했다
잉크를 먹고 종이에 입혀질까 하다가도
어느 억센 손이 와서 가위질을 해버리면
그대로 소문의 벽에 갇혀 증발해 버리는,
멀쩡한 얼굴들도 수정액에 담가 몇 번 흔들어주면
흐물흐물 어깨부터 허물어져 자취도 없이 사라지는
음화를 지키기 위해
마감 때면 꼬박 밤을 세워야 했다
뉴스데스크에서 아나운서가 줄줄 읽어대는 톱뉴스
새벽 신문에 큰 활자를 입고 소리치는 말들…

처음 필름으로 뜬 음화에는
획 하나 그어지지 않았던 무구한 것들이
영문도 모른 채 싹둑 잘리고
어울리지 않는 색깔들 입혀
몰라보게 변신해 버린 풍경에
익숙해진 내가 싫어서
보이지 않는 손이 꼬아서 비틀고
소문의 벽에서 주워다 얼기설기 지은 거짓이
빌딩숲 날로 늘려가는 걸 볼 수 없어
대한극장 화려한 간판 그림들 뒤편
축축한 필름 출력소 한켠에서
가을 밤 찬 공기를 간식 삼아 삼키며
음화 한 장을 지킨다
알맹이가 빠지고 앞뒤가 바뀐 말들
앞다투어 화려하게 차려입은 종로통에
언어의 무덤 가득한 파지들
몰래 흘러가지 못하도록
필름 출력기를 밤새 뜬눈으로 지킨다
차가운 가위의 아가리에 온몸을 들이밀어
싹둑 자르는 손을 막는다

쑥대머리

송정리역 건너 삐걱거리는 나무 계단 올라가면
흘러간 유행가를 찻잔 가득 담아주던
역전다방은 사라지고
미끈한 지하철역이 들어섰다
남는 차시간을 죽일 자리도 마땅치 않아
역 주변을 기웃거리다
국창 임방울 전시관에 끌려 들어간다
봉두난발 쑥대머리는 말끔하게 잘리고
임방울의 쉰 노루목을 재촉하듯
큰 북이 오랜만에 고향을 찾은 탕아를 맞는다
탄차 멈출 때마다 기어올라 조개탄을 퍼다
끓이던 강냉이죽은 아직 따스한가
겨울바람 등진 채 서울행 화물차에
하남 비아 무를 밤새워 실어 보내고도
아버지의 주머니는 아직도 빈손으로 가득한가
아버지의 여윈 등을 보며
지피던 희망의 모닥불 아직 따스한데
페인트 냄새 마르지 않은 임방울 전시관
스피커에서는 쑥대머리가 흘러나오지 않는다
지하철 개통에 맞추어 문을 연 전시관

마르지 않은 페인트 냄새에 쫓겨
땅거미 밀려드는 거리에 선다
새로 들어선 상가 입간판에 눌려 보이지 않던
국밥집이며 선술집 몇 군데가 드러난다
문득 새로 연 전시관에서 들리지 않던
임방울의 쑥대머리가 또렷하게 들려온다
노점 좌판에서 상추를 다듬는 아낙네 검은 손
색주가로 팔려온 색시의 질긴 가락에 섞여
온몸 저릿하게 감싸는 가락
탕아의 헝클어진 가슴 파고든다

홍도 풍란

유튜브를 탄 가수 싸이의 노래가
빌보트차트 2위에 오른 기념공연이라던가
팔만명의 인파가 말춤판을 벌인 다음날
한 여자가 세종로 이순신 동상 앞에
삐툴삐툴 손글씨 적은 피켓을 들고 서 있다
세 아이의 아빠에게 일터를 돌려주세요!
쌀쌀한 환절기의 아침을
홑겻으로 견디며 서 있는 일인시위에
광화문 사거리를 메운 출근 인파들
눈길 줄 틈도 없이
지하도로 하수처럼 몰려 내려간다
스모그로 음울하게 낮아진
서울 하늘이라도 뚫을 듯 높게 든
여인의 팔이 너무 가늘어 보인다
온통 바위로 덮인 광화문광장에
홍도 풍란 한 송이 활짝 피어
지워지지 않는 향기 나눠주고 있다

제2부
스피커를 찾아

칼국수 이어폰

 지하철 이수역 위에 있는 소극장 아트나인에서 영화 킬 유어 달링 상영을 기다리는 동안 시간은 풀어진 칼국수보다 더 길다. 어렵게 스크린을 얻어 드문드문 상영되는 영화와 영화 사이가 너무 떠있다. 너무 벌어진 틈새를 메우기 위하여 사람들은 목이 긴 컵 가득 찰랑거리는 원두커피로 메우기도 하고, 치맥을 시켜 놓은 채 맥주잔에 창 밖의 스모그 자욱한 하늘을 담기도 하면서 시간의 늪을 메워간다. 밀가루 반죽처럼 늘어진 시간을 요리라도 하려는 것일까, 때로 창가에 붙여진 소파에 파묻혀 칼국수 이어폰을 늘어뜨린 채 신해철의 민물장어의 꿈에 빠져들곤 한다. 칼국수가 소파에서 미끄러져 내려 상영관 앞에서 기다리는 사람들에게 배를 깐 채 뜨겁게 흘러간다. 극장으로 가는 좁은 문 앞에서 우리들을 줄이는 일은 없어야 한다고, 사람들의 목을 감고 어깨로 흘러내린다. 함께 나눌 수 없는 칼국수가 바닥까지 늘어뜨려져 있지만 누구 하나 거둬들이지 않는다. 문득 영화 전단지 속에서 걸어나온 시인 알렌 긴즈버그가 외마디 소리를 지른다. 미국의 무기를 팔아먹기 위하여 흑인 친구들을 더 이상 총알받이로 노르망디로 보내서는 안 된다고, 컨베이어 벨트에 끼인 손들에 눈을 가린 채 기계를 씽씽 돌려서는 안 된다고 떠들지만, 꼬불꼬불한 칼국수 이어폰은 제자리를 빙빙 돌 뿐 이웃들에게 말을 옮기지 못한다. 대학에 기부금을 듬뿍 낸 아버지는 아이들이 퇴학당하면 얼마든지 다시 다른 대학으로 옮겨줄 수 있지만, 천정까지 빽빽이 꽂힌 도서관의 장서들은 더 이상 진실을 말하지 않는다고 헨리 밀러의 북회귀선과 로렌스의 채털리 부인의 사랑으로 채워져야 맞다고 어린 시인은 혼잣말을 한다. 바닥에 뒹구는 신문 한 구석에는 팽목항 앞바다에서 실종된 지 여섯달 만에 돌아온 황지현 양이 단발머리에 가득한 소금기를 털고 있다. 생일 잔치에 초대한 친구들은 아직 바다에서 돌아오지 않았다. 늦는 아이들을 찾아달라고 북악으로 날린 풍선이 몇 뼘의 하늘도 날지 못한 채 바닥으로 떨어지지만 누구 하나 줍지 않는다. 칼국수 이어폰에 걸린 이태리 피자, 흑인 노동자들의 눈물이 녹아 향기로운 커피, 짜릿한 사이키델릭 리듬 들이 사람들의 무관심을 한데 묶고 있다.

스피커를 찾아

스피커는 언제나 마음에 없는 소리를 낸다
가을학기 들어 몇 푼 오른 강사료를
아내의 가계부에 차압당하기 전에
용산이며 종로3가 뒷골목을 쏘다닌 끝에
겨우 건진 독일제 고물 스피커를
애첩이나 되듯 만지작거리며 밤을 지샜지만
몇 달치 월급을 털어 장만해
몸값이 나가는 기계일수록 귀를 달콤하게 달구다가
이내 시들해지고 만다
진공관으로 쌀쌀해진 가을 공기를 데우며
바흐의 평균율을 듣다 보면
왠지 중동무이하게 위아래를 슬며시 잘라
미끈하게 가운데만 남긴 기계음 사이로
잘려나간 가청 주파수 밖의 소리들이
상처 성성한 환청이 되어 파고들었다
빨간 눈 부비며 새벽 잠 털고 일어나
첫 수업에 대어 출근을 서두르다
아침 뉴스에 귀를 맡기면
앞뒤를 자른 채
전후사정을 알 수 없는 말들이 쏟아졌다

전철에 올라 비좁은 무릎 사이로 펴든 신문에는
혀를 싹둑 잘린 말들이
전말을 제대로 전하지 못한 채
모로 누워 가쁜 숨을 몰아쉬고 있었다
말 잘하는 사람들 즐비한 토크쇼
글 잘 다루는 기자들 바삐 뛰어다니는
특종을 찾아 귀밑머리 흥건하도록 뒤적였지만
전모가 가려진 채 잘린 소리들만 거리에 널린 밤
다시 다락방으로 돌아와
따뜻한 스피커로 어지럽혀진 귀를 달랜다
풀 먹이지 않은 무명빛 바흐를 들으며
전기세 고지서에 종기처럼 붙은 시청료며
달콤한 약속들 빽빽한 광고들이
삼켜버린 말들을 되살린다
방송국에서 상처도 돌보지 않은 채
싹둑 베어내 버린 소리 한 가닥
잘 배운 사람들이 가위로 베어버린
보이지 않는 손이 앞뒤를 들어낸
스테레오 방송에서 들려주지 않는
꾸미지 않은 소리에
비로소 가슴을 깊이 베인다

소리 굽는 밤

누구는 쇠를 주물러 연장을 만들고
증오를 한번에 시야에서 사라지게 해주는
차가운 총신을 빚는다는데

춘분을 앞두고 제법 길어진 봄밤
밀가루 반죽을 만지듯 쇠를 주물러
자끄린느 뒤프레의 첼로 소리를 빚는다
한사코 따스한 전기를 흘리기를
이를 악물고 저지하는 진공관 소켓
알록달록 색동옷을 걸친 채
소리가 흐르는 길을 막고 있는 탄소저항
첼로의 풍만한 볼륨을 삼킨 채
한사코 나눠줄 줄 모르는 콘덴서들을 달래
꽃샘추위를 녹여줄 소리 한 토막 빚는다

무쇠솥 가득 어머니의 마음 담아
부뚜막에 지피던 장작불
숯이 되도록 밤새 뜸들이면
잘 익은 메주 향기로 돌아오듯

차가운 쇠가 악기가 되는 마술에 말려들어
따스한 혈액 수혈하듯 전기를 흘리면
곰팡이 성성한 책들의 귀 펴지듯
봄밤을 타고 울려 퍼지는 첼로의 저음
이내 산수유 피는 소리로 탈바꿈하더니
이내 꼼짝도 할 수 없도록
방안을 숨막히게 채워 버리는…

내가 걸어온 길보다 더 오래 산 진공관
흙을 그리워하며 피멍처럼 녹이 슨
쇠를 주물러 소리를 빚는다
거리를 가득 메운 자동차 소음
마음보다 맷집 좋은 주먹이 먼저 나가는 언쟁
타누르는 대변인들의 억지를 넘어
길어진 봄밤 저 멀리 함께 가도 좋은
빌리 할리데이의 따스한 울음을 건진다
멀고 거친 길에서
지친 나그네를 일으키는 경외성서를 읽는다

알 수도 있는 사람

 아직 혼곤한 잠기운을 떨치지 못하고 있는데 부르르 스마트폰 진동음에 감전된 듯 벌떡 일어난다. 아이콘을 클릭하자마자 페이스북의 친구 요청이 몇 십 건 낡은 영화 필름처럼 올라간다. 이제 더 이상 새 친구를 만나기 위하여 멋진 인사말이나 장미를 준비하지 않아도 된다. 클릭만 하면 하룻밤 새에 친구가 백명이나 생기는 일도 다반사다. 페이스북을 열기만 하면 친구들이 무더기로 쏟아진다. 서울 모처에서 한복을 만드는 여자, 멀리 LA에서 마음이 아픈 사람들을 돌보는 심리상담사, 배낭 하나 메고 온 세계를 떠도는 여자, 광고 카피를 쓰면서 밤을 낮처럼 사는 여자 친구들이 반겨준다. 낯익은 친구들과 변변히 인사를 나눌 틈도 없이, 다음 페이지로 넘어가기 무섭게 페이스북은 꼬리에 꼬리를 물며 알 수도 있는 사람이라며 새 친구 후보들을 끊임없이 필름을 뽑어내듯 쏟아놓는다. 뉴스 피플을 클릭하기만 하면 한 남자와 한 여자가 친구가 되어가는 모습을 가위질 한번 하지 않은 채 만천하에 보여준다. 자신의 여친이 다른 사람과 관계를 맺는 것을 누구도 나서서 제지하지 않고 숨죽인 채 음화를 보듯 훔쳐본다. 하나같이 반가워요, 수락해주어서 고맙다는 인사를 건네는 광경을 슬며시 남의 일처럼 건너다본다. 자신이 활활 타오르기보다 남들이 저지르는 불장난을 관음하는 게 더 짜릿하다. 더 이상 함께 술잔을 기울일 사람 곁에 없어도 훔쳐보는 것만으로도 흠뻑 취해버린다. 함께 오지 여행을 떠나고, 혼자 즐기기에는 아까워 비장의 레시피를 공개하고, 삼백명이나 되는 가여운 영혼을 수장시키고도 싸움질만 하는 정상배들을 도마 위에 올려 요리하고…. 뜨겁게 스마트폰 속을 달구다가 깊어가는 밤의 터널을 벗어나면 다시 캄캄한 어둠이 길을 지운다. 내 길인 줄 알고 줄곧 달려왔더니 남의 뒤만을 밝아온 듯 오리무중 속으로 빠져든다.

수간주사

종각역 화신백화점 앞마당
어깨를 좁히고 늘어선 빌딩들
숨 막히는 자동아 매연을 헤치고
키 큰 메타세콰이어가 파란 하늘을 열어 보여주었다
그 맛에 숨 막히는 지하철 빠져나와
종각역을 찾았는데
몇 해째 서울의 매연과 싸우기에 지쳤는지
때 묻지 않은 파란 하늘을 갖고 싶은 이 가을
메타세콰이어 삼형제들이
중환자처럼 링거 팩을 여러 개 매단 채
시무룩하게 팔을 내린 채 서 있다
가을의 문으로 들어선 지 한참이 되었는데도
햇살이 수지침처럼 따가운 인디언 섬머
며칠 지루하게 끌어도
번쩍 들어 올려야 할 거인의 여윈 팔들
변변한 손바람 한번 건네지 못한다

구름을 찌르듯 높이 올라간 빌딩들
하릴없이 종로통을 누비는 인파들이 만드는
숨 가쁜 체온을 식혀주던

메타세콰이어의 넓은 품을 기대하고
스모그를 헤치며 종각역을 빠져나온 사람들
시간을 맡겨둘 종로서적도 사라지고
키다리 나무의 그늘도 찾을 수 없어
다시 숨 막히는 공기 속으로 되돌아간다

향기로운 낙엽들 사라진 자리에
찢겨진 스낵 봉지와 버려진 광고 전단지들이
갈 길 바쁜 사람들을 가로막는 종로통
문득 나무가 딛고 있는 땅을 본다
빌딩의 키가 머쓱하게 올라간
키다리 나무가 뿌리박기엔 작은 손바닥만 한 흙이
시멘트와 돌로 덮인 보도 가운데 놓여 있다
마른 목을 적시기에는 너무 비좁은 땅이다
쉴 틈 없이 매연을 뿜고 다니는 차들이 내뿜는 매연이
나무의 숨통을 막고 있는 것도 비로소 보인다

인파들이 잠들고 있는 사이에도
맑은 산소를 내어주는
나무의 고마움을 모른 채
물 한 모금 나눠준 적이 없었다

가을이 깊어가도 변변하게 푸른 하늘로

팔 한번 뻗지 못한 채
링커를 주렁주렁 매달고 있는 메타세콰이어에게서
계절을 잊은 채 뜨거운 서울의 욕망을 읽는다
사람들의 설 자리가 좁혀들면서
무표정한 빌딩들이 들어올리는 어두운 미래를 읽는다

원대리 황태덕장

 더 이상 씨앗 하나 뿌릴 수 없는 동토에서 녀석은 비로소 뿌리를 내린다. 먼 바다에서는 대구와는 몸피를 함께 재지 못하고, 거무튀튀한 낯빛을 청어의 검푸른 살결과 겨룰 처지가 못 되던 것이 소한대한 태백 준령을 넘는 겨울바람에게 마지막 한줌의 온기마저 빼앗긴 때 명태는 비로소 제 호적을 갖는다. 석쇠에 굽지 않고도 노릇노릇 익어가서 마침내 맛을 견줄 자 없는 황태로 재탄생한다. 지상의 집 사라진 자리에 고드름 기둥 삼아 얼음 귀틀집에 들고, 설악산 겨울바람 온몸으로 안아, 얼음 도가니에 들었다가 나왔다가를 되풀이하며 비로소 말소된 주민등록을 되찾는다. 겨울바람 한올에 온 세상이 하나같이 푸르름을 잃어버렸을 때에 원대리 덕장 황태들은 비로소 낡은 몸을 벗고 새 혼을 들인다. 얼음 귀틀집을 온몸으로 부벼가며 노릇노릇 스스로 저를 바꿔간다. 머리에서 꼬리까지 저를 버리면서 맞서서 겨울 속 여름이 된다. 겨울 미시령을 넘는 한파와 온몸으로 뒹굴며 바다로 가는 길 한 가닥 따스하게 풀어놓는다.

시인의 빈 손
-김규동 시인을 그리며

서가의 키를 훌쩍 넘어 버린 책들
주소를 매기는 걸 포기한 지 오래지만
이것만은 금방 찾을 수 있다
시인 김규동 선생이 가시기 한해 전
내 시집 출판기념회에서 건네준
백석과 임화의 문고판 시집 냄새가
미로에서 금방 벗어나게 해주기 때문이다
귀가 해진 페이지들을 넘길 때마다
호남선 천릿길을 무작정 달려온
갓 스무 살 어린 시인이
서울의 벽과 납활자 냄새에 쿨룩거리는 걸 보며
건네주던 손의 감촉과 온기가 그대로다
서른 해를 넘어서도 그의 육성이 생생하다

그가 혈혈단신으로 삼팔선을 넘으면서
가족 대신 애틋하게 품고 온
백석과 임화의 시집을 물려주며 건네던
맑은 눈빛을 떠올린다
가장 추운 함경도 청년이

가장 먼 남쪽 청년에게 건네던
여위고 작은 손
사람의 입을 틀어막는 칼 앞에서는
서슴없이 한 자루 볼펜을 쥔 채
물러서지 않았지만
낯선 서울 하늘에서 마땅히 깃들 자리 없는
떠돌이에게는 따스한 품이 되어주던
그는 결코 넘보기 어려운 거인이다

외로운 어깨에 얹어주던
시인의 빈 손 생각하며
매서운 추위 앞에 주저앉고 싶을 때마다
출판사 한 구석 자리를 털고 일어나
그와 함께 플래카드를 들고
북의 어머니를 만나러 가는 길 함께 했다
그가 삼엄한 삼팔선을 넘으면서도
지켜온 굽히지 않는 언어 생각하며
버려두었던 페이지들을 다시 펼쳤다
시인이 하늘나라로 어머니를 만나러 간 뒤에도
나의 책장을 지키고 있는 귀빈
멀리 가는 섬백리향 냄새 간직한 채
세상에는 칼보다 더 강한 것이 있다고
묵묵히 따스한 손 건넨다
겨울바람 속으로 흔들림 없이 걸어가게 한다

시인의 넓은 등
-김남주 형 20주기에

화살같이 지나간 40년을 거슬러 올라간다
형이 광주MBC 옆에 카프카서점을 열었을 때
가난한 시인 지망생은
술이나 밥보다 책에 더 굶주려서
서울에서 새 책이 들어올 때마다
손때 하나 묻어 있지 않은 책의 귀를
무작정 뽑아다 밤새 안고 뒹굴다가
몇 권째 꿀꺽했는지 모른다
두꺼운 안경 알 탓일까
형은 책도둑인 나를 까맣게 몰라본 채
서점에 들르면 다시 반기며 술을 사주었다
그런 날은 그의 흐린 시력을 피해
다시 책을 몇 권 더 챙겨 넣으며
참 속이기 쉬운 물봉이거니 생각했다

파리 콤뮨을 강독하다가
졸지에 쫓기는 신세가 된 형을
다시 만난 것은 광주교도소 미결감
오일팔로 수배되었다 1년 만에 걸려들어

쇠창살 안에 갇힌 내 앞을 지나던 형은
청춘을 짓이기도 남을
15년 곱징역을 무겁게 받아들고도
두터운 안경 너머로 씨익 웃으며
내 손을 덥석 쥐어주었다
부르르 어린 나를 흔들던 고압 전류!

몇 푼의 책값을 챙기기보다
책의 말린 귀를 펴
어린 후배가 넓은 세계를 만나기 바랐던
형의 마음이 비로소 엿보았다
햇볕도 들지 않는 독방으로 가는
그의 등이 그렇게 넓은 줄
처음으로 알았다
나도 모르게 빚어진 수정에
형의 모습이 오래도록 따스하게 남아 있었다

우이도 사구를 넘으며

진종일 맑은 눈을 가진 파도와 놀다가
늦은 저녁 돈목 마을로 통하는 지름길 골라
우이도 사구를 넘는다
길 잃은 자들에게 던져진 부표처럼
민박집 불빛 몇 점 꿈벅이고
서두를수록 길은 뒤로 물러난다
발가락 사이로 시간이 흘러내리며
사랑하는 사람은 가까워질수록 외롭다
진종일 파도의 갈기를 거칠게 밀어붙이던 바람
그렇게 서둘러 몰려다니며
돈목 해변에 모래성을 쌓지만
뒤에 오는 파도의 눈에 담겨 멈칫거리는 사이
다시 삼켜 질퍽한 개펄이 된다
편히 누울 집 한 채 갖지 못한 채
바닷바람에 떠다니는 모래언덕에게
그런 소멸은 언제나 깨끗한 희망이다
바싹 목을 죄듯 좁혀드는 땅거미를 피해
서두를수록 푹푹 깊어드는 모래에 빠져
밥 짓는 연기 따스한 마을로 닿는 길
패랭이꽃 키만큼 뒷걸음친다

분꽃 귀밑머리만 보일 뿐
　　끝내 얼굴을 보여주지 않는다
　　멀리 보트피플처럼 동지나해를 떠돌다
　　썩지 않는 플라스틱 쓰레기를 타고 온 파도들
　　제자리를 맴도는 시간의 수레바퀴에 묶인 손들
　　어서 떼라고
　　익숙한 것들을 버리라고
　　길 밖에서 땅거미를 삼키며 뒤척인다
　　파도의 거친 손찌검
　　너끈하게 견디며 살가워진 바람만이
　　수만년 파도의 눈을 닦아
　　해돋이조개의 무덤을 이룬다
　　작은 꼬막의 울음, 어깨를 맞대고 가는 게가족들의
　느린 걸음
　　산란한 세발낙지들의 맑은 눈을 모아
　　깨끗하게 펼치는 짧은 저녁놀
　　스물스물 지워지는 게 아쉬워
　　손가락 사이로 흘러내리는 모래를 움켜쥔다

　　사람을 묶어두는 집은 멀어질수록 좋다

*우이도 : 전남 신안군 남쪽 바다 끝에 떠 있는 낙도. 우리나라에서는
보기 드물게 파도와 바닷바람이 쌓은 모래 언덕이 있다.

서귀포로 오는 봄

한번이라도 아버지의 땅에 들고 싶은
이어도
맺힌 가슴 풀어주러 온몸을 던져 떠나는
남쪽 서귀포 앞바다

솔향기 찾아 외돌개 기슭을 오르는 파도
솟구치면 만선의 배를 띄우고
가라앉으면 밤길 여는 어화(漁火) 띄워
검푸른 바다를 넉넉한 뭍으로 바꿔간다

잠녀들 길고 힘찬 숨비소리

깊고 넉넉하게 펼쳐지는 바다 목장
파도의 갈기를 헤치며 건져 올리는
전복, 다시마, 물미역 맑은 얼굴 앞에
어머니의 뜰은 뭍에 내놓아도 남부럽지 않다
제자리 지킨 것들 찾아볼 수 없게
몰아치는 마파람의 손때 아무리 매서워도
바른 말과 죽음을 기꺼이 맞바꾼 제주 사내들
뒤돌아보지 않고 제 길 가도록 지킨 것일까

겨울에 풀렸다 4월이면 꽁꽁 어는
우보오름 얼굴 가려진 교과서 아무리 두꺼워도
거친 파랑을 지고 일어서는 제주 돌담
우리 오랜 미래의, 아버지 등을 읽는다
그 넉넉한 팔에 안겨 어린 것들은 꿈이 자라고
물안개 넘고 넘어 하늘에 닿는 해돋이가 된다

어머니의 언 가슴으로 길어 올리는 유채꽃
그 샛노란 향기 한 올이면
빙벽으로 된 무지개 온 몸으로 뚫어
삼천리 곳곳에 얼음 스르르 풀리는 소리
정중앙의 좌표로 우뚝 서서
가장 먼저 봄뜰을 일구는 바다

여기는 국토의 시작이다

제주도 몽돌바당

시오리 바닷길 맨발로 뒤적여도
뾰죽한 모서리를 가진 친구라곤 없어
검붉은 상처 하나 얻지 못한다
제아무리 벼르고 차갑게 달려드는 추자 바람도
지친 몸 여기에 부리면
이내 자지러지는 웃음으로 풀리고 만다
뭍에서 몰려드는 거친 바람에 맞서던
민가의 지붕들 맨몸으로 벗겨지고
콘크리트로 굳게 쌓은 모래톱들
선연하게 끊겨 피 흘릴 때에도
탑동 건너 알작지 바당은
한치도 물러서지 않은 채 제자리 지킨다

숨 한번 쉴 틈 없이
집채만 한 파도를 맞고
때로는 삼별초의 씨를 말리겠다는 듯
집채만한 파도를 밀고오는 겨울바람에 맞서
몽돌들은 돌팔매가 되어 날아가지 않고
맑은 파도의 눈이 된다
날카로운 이빨을 갈고 물어뜯으며

제주 유채꽃을 꺾으려 드는
돌개바람에게 상처 하나 안기지 않고도
넉넉하게 이겨서
저물녘이면 하늘에 닿는 수평선을 펼친다

서로 다가가 부딪치고 깨져도
상처 아닌 사랑을 포개어
겨울 한복판에 향기로운 유채꽃
4월 들어 죽음의 벼랑으로 내몬 사람들
가면은 지금도 벗겨지지 않고…

제 살을 저미는 고통을 즐겁게 이기며
나란히 한 어깨를 풀지 않은 채
파도를 견디는 알작지 몽돌에게서
천리 변방에 버려져도
절개를 꺾지 않은 추사의 세한도를 읽는다
천년 넘어 몽골의 말발굽에 밟히지 않은 채
넉넉하게 제주 바다 지키는
삼별초의 서슬 푸른 넋
서로 맨살 부딪치며 일으키고 있다

애월에 가서

바다에 담긴 달을 건지러 가는 길은
온통 뿔나고 검게 그을린 화산석들뿐
한 발짝 재껴딛을 데라곤 없다
얼마나 저 바다가 뜨겁게 타고 있으면
애월 앞바다의 파도들은
얼음의 도가니에 든 동지섣달 한복판에서
저렇듯 빨간 불덩어리를 들어올리고 있을까

화산석에 부딪치는 파도의 혀는
각기 다른 동굴에 들를 때마다
천 갈래 만 갈래 다른 소리를 낸다
숨비 소리 참으며
얼음의 도가니에 든 바다를 사랑하여
맑은 눈을 가진 진주조개를 건지고
천길 파도를 벼랑 삼아
돌아갈 길 막아도
뱃머리 돌려 제 안으로 가는 길 연다

매운 바람 잠재우며
파도에 등에 들어올려진 붉은 달

사랑은 만 갈래 갈라지는 길 앞에서도
깨진 발 마다않으며
제자리를 지키는 것이라고 일러준다

파랑주의보가 발령되어 뱃길 끊긴 날
멀리 있는 사람
비로소 내 안에 만월로 가득 찬다

머체왓 숲 천남성

서귀포 이중섭네 집을 찾아가는 길에
머체왓 숲*에 들렀다
제주도 토박이들이 살던 마을이 있다 해서
길을 막는 고사목들 찔레덩굴 들 헤치며
가까스로 찾아 들어갔더니
뜨거운 침묵이 와락 달려든다
사삼 토벌대가 다녀간 지 반백년이 되었어도
아직 온기를 간수한 막사발
엉덩이 데일 듯 따끈한 아궁이 들이
물질 나간 주인을 기다리며
해쓱하게 목을 빼고 있다
수류탄처럼 묻힌 감자 한 톨까지 징발해 가고
이 빠진 그릇에 담을 것이라곤
남아 있지 않은 한겨울
키 작은 천남성 몇 송이
주인이 사라진 집을 지키고 있다
빨간 루주를 바른 입술
그대로 부끄럽게 두면
어두운 숲길 열어 한라산 훤한 이마 보일 때까지
향기 나눠 주겠지만

나를 겁탈하려 들면
독배를 삼키고 말리라
제 집을 지키며
외지로 나간 남자 기다리고 있다
누가 보지 않아도
더욱 매끄럽게 목선을 다듬고 있다
구식 총을 든 일본군이 와도
이어도 거센 파도를 자르며
미군이 인정머리 없이 개머리판 휘둘러도
빨간 루주 지우지 않은 채
잔설에 발목 담근 채 제자리 지키고 있다
멀리서 바라볼 때는
온몸으로 눈보라를 이기며
더 없이 맑은 향기 건네다가도
허락도 없이 입술을 빼앗으려 들 때면
선연하게 독을 뱉는
천남성 꽃 위로 겨울이 비켜간다
역사 교과서에서 찢겨져 나간
한라산의 맨얼굴이 되살아난다

*일대가 머체(돌)로 이루어진 밭(왓)이라는 데서 붙여진 지명으로 안쪽에 제주도 토박이 마을 터가 있다.

이중섭네 마당의 천남성

섶섬이 보이는 이중섭네 사글세방 마당에서
저녁놀 데친 사괏빛으로 타는
초겨울 바다를 본다
는개 질글질금 내리는 속에
불꽃처럼 핀 천남성 몇 송이
중섭네 가족이 긴 겨울밤을
넘기는 것을 지키고 있다

미군 상륙선이 바다를 막으면서
흑돔잡이 배들마저 발이 묶인 겨울
빨간 루주 곤혹스럽게 바른 천남성이
뜨거운 입술 뒤에 맹독을 감춘 채
더욱 풍성하게 영글고 있다

빈처를 미군 귀환병 배에 실어 보낸 이중섭이
철필로 새긴 은박지 그림 속
저녁놀을 썰고 있는 게들을 꺼내
긴 겨울밤을 준비하는 저녁
부뚜막에 걸린 무쇠솥 가득
뜨거운 고요가 뜸들고 있다

북적거리던 관람객들 썰물 따라 빠져나가고
차가운 땅거미가 밀려드는
이중섭 미술관 마당을
천남성 몇 송이 지키고 있다
겨울비 가득 담은 독배를 든 채
과객들을 기다리고 있다

뿌리 서점

　김빠진 맥주 부글거리는 유곽의 거리 버려두고
　기적소리 잃은 전동차 꽁무니 쓸쓸하게 건너다보이는
　용산역 뒤편 뿌리 서점에서 낡은 책장을 넘긴다
　눈알 굴리며 돌아가는 카바레 불빛들
　한 조각도 새어들지 않고
　아직 검은 조개탄 냄새 퀴퀴하게 묻어나는
　철길 옆 지하실에서 묵은 먼지를 개킨다
　켜켜이 눌린 잎담배처럼 금세라도 부스러질 듯한
　해진 책들의 귀를 만지작거리다
　벙어리가 된 신문에도 없는 말들을 건질 때면
　창틈으로 배어드는 겨울바람에 휘말려
　고물거리는 먼지들 하나같이 보석이다
　귀밑머리 안쓰러운 여자
　먼 찻집에 마냥 기다리게 해놓고
　시간을 잊은 채 등이 깨진 책들을 뒤적인다
　차마 말로 옮길 수 없었던 핏빛 역사를
　펄렁이는 종이 한 장에 담은 채 견딘 활자들을 보면
　버려져 있던 무덤에서 나온 부장품들이
　교과서의 행간에 묻힌 말을 쏟아내듯

바위에 새겨진 공룡의 발자국이
빙하기를 타넘는 법을 일러주듯
쓸쓸하고 힘든 어둠을 건너는 법 보인다
슬롯머신 눈보다 빨리 돌아가는 디지털에 떠밀려
생명을 얻기도 전에 켜켜이 묻혀
숨 막혀 있는 언어의 광맥 한 줄기
길고 긴 그리움의 실낱이 보인다
달콤한 것들 죄다 유곽의 아랫도리에 던져주고
마른 빵을 찢으며
언제 부스러질지 모를 페이지들을 넘긴다
캐다 보면 무기로 짓이겨진 목소리 들려올 것 같아
요염한 플라스틱 꽃들 넘어
사람만이 지닌 향기 맡아질 것 같아
콧날이 시큰하도록 먼지를 들이마신다
형광들 아래 산란하는 보석들을 만지작거린다

옹이

　폐기물 처리장에 버려진 시디플레이어를 주워다 내장을 해체하고 그 위에 진공관 앰프를 앉혔다. 보따리 장사에서 돌아온 피로를 누르며 주말 내내 뚝딱거려 만든 6V6 앰프의 앞얼굴을 만드느라 오동나무를 자른다. 화장기 없는 여자처럼 결이 살아 있는 나무가 화끈거리는 진공관의 열기를 식혀주기 때문이다. 무늬를 따라 톱날을 먹이다 보면 나무의 살결이 부드러운 살코기를 베듯 잘 밀려나간다. 그런데 순조롭게 나가던 톱날이 멈칫할 때가 있다. 옹이가 박힌 자리다. 오동나무가 가뭄에 바싹 말라가면서도 봄이 되면 파릇파릇 새 가지를 내던 자리는 한사코 톱날을 거부한 채 피를 흘리면서도 좀처럼 잘리지 않는다. 기도를 하듯 공을 들여서야 상처에 딱지가 앉듯 봉긋하게 간신히 톱날이 넘어간다. 나무를 앰프의 얼굴만큼 켜서 붙이니, 쇠로 된 앰프에 왠지 푸른 수액이 흐르는 기분이다. 아름다운 나뭇결이 흐르는 곳은 오동나무가 혹독한 겨울을 넘길 때마다 생긴 상처이다. 상처를 딛고 그 자리에서 파아란 눈이 나와 다시 넉넉한 그늘을 만든다. 나와 눈이 마주치는 오동나무의 푸른 눈은 옹이가 박힌 자리이다. 나무들은 아픔을 이길 때마다 아름다운 상처를 남겼던 것이다. 진공관 앰프에서 흘러 나오는 게리 카의 콘트라베이스 선율이 왠지 깊은 상처에서 길어 올려진 듯 낮고 따스하게 울려 퍼진다.

청춘열차

금방이라도 터질 듯 압력밥솥 씩씩거리는 열섬 피해 소양강 처녀나 만나러 갈까. 무거운 책가방 내려놓고 용산역에서 춘천행 청춘열차를 탔다. 하늘은 결코 넓지 않다. 삼십분을 채 달리지 않아 음울한 스모그 걷히며 농가의 낮은 처마들이 해쓱한 얼굴로 다가온다. 회색빛 마른 아파트 벽에 가려졌던 하늘이 차창 가득 푸른 물감을 한 보자기씩 풀어놓는다. 강촌 접어들 즈음에는 길가에 서서 고개를 주억거리던 붓꽃이 마른 가슴에 연방 그림을 그린다. 차창에서 눈을 떼지 못한 채 제각기 묵혀 두었던 청춘의 페이지를 펼쳐가는 승객들 너머 버겁게 등록금을 짊어진 채 대성리 야영장에 내리는 젊은 친구들의 무거운 어깨를 본다. 열차는 어느덧 동백꽃 벙그러진 김유정역을 지난다. 금 따는 콩밭 펼쳐진 역두 저편에 숨은 소설가가 밭은기침을 쿨룩거린다. 그의 전 재산을 털어넣어 만든 책들이 개울 바닥에 젖은 채 모로 누워 있다. 열차는 삼팔선을 눈앞에 두고 차단기 앞에 멈춰선다. 너무 긴 청춘의 그림자가 소양호에 빠져 헤어나오지 못한 탓일까, 후두둑 차창에 내리는 건들장마 빗줄기가 그림을 북북 지운다. 청춘열차에는 값싸게 뜨거운 청춘 아닌 쓰린 상처가 가득 실려 있다.

제3부
바다 열차

이규보의 묘

강화 전등사 다녀오는 길에 이규보의 묘에 들렀다
산문을 나서자 금방 눈에 띈 안내판을 발견하고
녹슨 화살처럼 쳐진 화살표를 따라 핸들을 돌렸지만
관광객을 겨냥해 새로 낸 길은
좀처럼 그의 유택을 일러주지 않는다
오물을 철철 흘려보내는
모텔 몇 군데와 오리구이를 파는 음식점
강화 토산 인삼가게를 지나서도
여전히 오리무중이다
한참을 지나 눈요기에도 지쳤을 즈음해서야
언 발목을 땅속 반쯤 잠근 팻말이 보였다
큰 글씨로 써진 강화정신병원 입간판 아래
왼쪽 화살표 끝에 이규보의 묘 600미터라고 찔러놓았다
여염집 뒷산에 몰래 숨어 있는
이규보의 유택 앞에 서서야
비로소 그가 천년을 넘어
현재형이 되어 있는 이유를 알 것 같다
예나제나 제 정신 갖고는 살기 어려워
큰칼을 든 최충헌 아래서

광인으로 한 세상 살면서
행간 사이에 만주벌을 되찾고픈 꿈을 누벼 두었던
이규보가 편하게 잠들지 못한 채
무덤 밖으로 걸어나와
찬바람을 빌어 차마 다 새기지 못한 말 뱉고 있다
그의 목줄을 죄던 무신들의 유택
평장이 되어 흔적도 없지만
연약한 붓 한 자루에 목숨을 걸었던
이규보는 여전히 책 속에 살아 있다
돌아오는 길에 다시 강화정신병원 사거리에 선
해지기도 전에 밝혀진 엘이디 조명이 눈부시다
어떤 길이 바른지 알 수 없다
행락길에 나선 차들이 서로 엉덩이를 떠밀며
거리가 온통 반신불수다
제정신을 놓은 사람들이
큰 소리를 칠수록 길은 미궁에 빠져
누구 하나 건질 수 없다

부석사 가는 길

구죽죽 비 내려 하늘 첩첩할수록
가야 할 길은 환해지는가
관광버스 꽁무니를 놓친 사람 찾는 소리,
산채비빔밥 섞는 소리,
산행 여독을 풀며 이 빠진 잔 부딪치는 소리
이미자 젖은 목소리로 부산한
사하촌 노래방 스피커가 가려버린
무량수전 첩첩한 산길
불 꺼진 석등이 또렷하게 일러주고 있다
젖멍울 아릿하게 돋은
영주사과 낙과 향기가 귀띔해 준다
초여름 빗소리 길잡이 삼아
배흘림기둥에 기대어 서서 무량수전 안을 들여다본다
가부좌를 튼 아미타불
지친 길손에게 손을 건네기는커녕
불 꺼진 천정만 무심하게 바라보고 있다
천년 내리 가부좌를 풀지 못하고 있는
그의 어깨가 무거워
손을 대면 금방이라도 풀썩 재로 주저앉을 것 같다

더 이상 나에게 기대지 말라며
애 못 낳는 여자
버거운 빚 짊어지고 털썩 누운 남자의 등을
찬 비 속으로 떠밀어 놓고
모른 채 등 돌리고 있다
천년 내리 무량수전 처마 안으로 들지 못한 채
비를 긋고 있는 부석 넓은 등이
시간은 상처를 달게 삭힌다고 일러준다
서둘러 비를 피하는 사람들
한자리에 머물러 있을 생각을 버리라며
비 긋는 눈썹천정마저 치워 버린다

대설

갇혔을 때 비로소 보인다
12월 들어 예기치 않게 큰눈 내린 날
소년교도소 앞길은 그대로 주차장이 돼버렸다
수원역 약속 시간을 눈앞에 두고
발이 묶인 버스는 감옥이다
발을 동동 구르며 옆을 보니
바싹 타들어 가는 속을 아는지 모르는지
외국인 노동자 몇 사람이
신기한 듯 눈 구경에 여념이 없다
그늘져 있던 얼굴에 환한 미소가 핀다
약속 시간에 쫓기는 내게는
답답한 감옥이지만
이국에서 첫눈을 맞는 그들에게는
진기한 잔치라는 걸
비로소 알 것 같다
창밖을 보니 자물쇠 없는 감옥들이 널려 있다
길 건너 너무 빨리 달리는
어린 것들을 가둔 교도소 담이
눈꽃으로 덮여 따스한 스카이 라인을 이루고 있다
길 건너 쓰레기 하치장이 눈이불로 덮여

아이들에게 좋은 놀이터가 될 것 같다
눈발이 더 굵어진다
이 세상에 감옥은 없다고
모른 체하고 내 길만을 가는
무관심이 감옥의 벽을 높인다고
눈사람이 빙그레 웃으며 말해 주었다

바다 열차

강릉에서 추암까지 해변을 끼고 달리는 동안
검푸른 바다는 위험한 짐승처럼
완강하게 몸을 던진다
차창에 머리 부딪쳐 맑은 피 흘리며
한몸이 된 연인들을 갈라놓는다
눈썹 문신처럼 반듯하게 그어진 수평선
7월의 무거운 파란색 견디지 못하고
달려와 문드러진 속을 뒤집어 보이고
자취도 없이 흩어진다
더 이상 다가설 수 없을 때
만져지는 절벽을 피해
연인들은 속을 퍼내던 것을 멈춘다
북적이는 바다에는 바다가 없듯
떠들썩한 말들 떼어내고
홀로 설 때 비로소 안이 보인다고
추암리 촛대바위 한 쌍
동해 거친 파도 삼킨
상처 사랑하며 서 있다
몇 꺼풀 벗겨 온갖 칼집 성성한
안이 드러날 때에도

첫 만남 때같이 안아 줄 거냐고
끈끈하게 겉 밀착한 연인들 사이로
하얀 이 드러낸 파도 덮칠 때
때 묻지 않은 추암리 앞바다
모래성 무너지듯 사라지고
서울의 음험한 손으로 만든
낯선 바다
바위에 찢겨 피 흘리고 있다

청해* 모래언덕 앞에서

새벽빛이 바삭하게 풀꽃을 흔드는 소리에 깨어
한겹 겔을 들치고 밖으로 나간다
개밥바라기 별은 제자리를 지키고 있는데
어제까지 지평선 끝 가물가물하던 명사산(鳴沙山)이
하룻밤 사이에 발등을 덮을 듯 가까이 와 있다
금방이라도 모래무덤에 묻힐 듯
위태롭게 목만 간신히 내놓은 채
흐린 눈을 껌벅이는 사막유채꽃…
어제까지는 젖과 꿀 넘치는 유목지였다가
오늘은 살아 있는 그 무엇도 곁에 두지 않는
초원과 사막을 번갈아 넘나드는 땅
주소를 아는 사람은 아무도 없다
하늘까지 닿는 곤혹스러운 능선을 따라
올라갈수록 더 아래로 미끄러지는 모래언덕은
영원을 꿈꾸는 자에게
넉넉한 무덤이다
가장 낮은 자리에 버려진 말똥들
찬 사막의 밤과 머리를 맞대어도 좋도록
따스한 불빛을 일구고
한자리에서 오래 세워두는 것 없는

유목민 가족을 넘볼 부자는 없다
오늘 아무리 높게 쌓은 성도
내일이면 명사산 속에 순장되고
어제 무덤에 갇혔던 식물들도
명사산이 물러가면 꽃의 파도를 일구며
사막과 초원이 한몸을 이룬 청해호(靑海湖)
지상에서 가장 사랑하는 사람이 떠난 날
독수리 밥으로 아낌없이 건네고
깨끗한 영혼만 오래 간직하는 사람들에게
너무 짧은 지상의 시간을 이기게 해주는 것은
금이나 꾸깃꾸깃한 지폐가 아니라
손에 잡힐 듯 파란 하늘에 연결린 별들
물이 바닥을 드러내며
일구는 몇 알의 소금 알갱이들…
겨우 목을 적시고 달아나는 소나기 한 줄기 빌어
비단을 짜듯 사막 위에 풀꽃을 놓아가는
개망초 가족 앞에서
버릴 것들이 너무 많은 나를
또 다른 내가 물끄러미 보고 있다
명사산을 밀어내며 갸륵한 머리를 내민
사막유채꽃 맑은 꽃잎들이 모여
잃어버린 사람살이의 주소를 일러주는
퍼즐을 꿰맞추고 있다

*티베트와 접경을 이룬 중국 칭하이성에 있는 염호(鹽湖).

티벳 조장(鳥葬)

발밑에서 꼴깍 넘어가는 지평선 끝까지
제대로 자란 식물이라곤 보이지 않는다
난쟁이민들레는 오체투지하듯 마른 땅에 납작 엎드려
새벽 이슬 한 방울 허비하지 않고,
동충하초는 제 몸을 흔적도 없이 거두어
식물인지 동물인지 알 수 없게
부나비 몸에 들어 혹독한 겨울을 난다
부나비가 제 몸인 줄 알고 애지중지하도록
저를 다 버린다
그래서 사람들은 벌레도 버섯도 아닌
동충하초에 한번 빠져들면 헤어나지 못하는 걸까

오늘은 키 작은 유채꽃 만발한 초원이었다가
내일이면 지평선까지 닿은 사막으로 바뀌는
칭하이 벌판의 외로운 떠돌이
굶주려 있던 독수리에게도 잔칫날이 있다
생이 저물도록 양과 낙타를 먹이며 떠돌다가
끝내 설산 너머 고향 땅으로 돌아가지 못한
티벳 유목민이 하늘나라로 간 날이다

망자는 무덤이나 큰 묘비를 세워
지상에 근심 덩어리를 남기기보다
독수리의 양식이 되기를 택한다
누추한 몸을 내주는 대신
파란 하늘에 더 가까이 가
맑고 자유로운 영혼을 얻는다

칭하이 호수로 목마름을 적시러 가는 길
모래언덕 위의 조장 터
누구나 가져가도 좋도록 사위가 훤히 트여 있다
주린 독수리들의 만찬장이다
자신에게 가장 소중한 것을 내줄 때
비로소 때 묻지 않은 새 생명을 얻는다고
만찬장을 빙빙 도는 독수리가 일러준다

독수리처럼 나를 빙빙 돌며
나를 노리는 도둑들은 어디 숨어 있을까
명사산 발등이 드러나도록 두리번거린다

불꽃

질금질금 오가는 건들장마에 갇혀
곰팡이 냄새 퀴퀴한 책만 만지다가
비구름들이 숨을 고르는 틈 비집고
모처럼 파란 하늘이 열린 오후
사당역 사거리 소음을 등지고 관악에 오른다
산길로 십리는 족히 되는
정상까지 늘어선 험준한 연봉들 앞에서
쳇바퀴 도는 시간표에 익숙해진 몸
땀만 서 말 쏟을 뿐
낙타 등처럼 불쑥불쑥 솟는 고빗길은
좀처럼 발길을 허락하지 않는다
지친 발걸음 그만 되돌릴까 하다가
무뚝뚝하게 갈길을 막아선 바위
어디가 좋다고
살갑게 안은 채 몸을 푼
생강나무 여린 잎을 본다
흙 한 줌 앉지 않은 바위지만
마다않고 기꺼이 뿌리를 내린 채
파란 하늘을 힘껏 들어올리고 있는
새푸른 잎

용접공 시인 최종천이 차가운 쇠 위에
용접봉으로 피워 올린 꽃이다
계곡이 범람하는 장마에도
물 한 모금 비치지 않는 암벽을 안고
파란 미소를 온몸으로 빚고 있는
생강나무 연초록 잎
작은 키를 들어올리기 위해
제 키의 스무 배 넘게 파고든
뿌리의 깊이를 헤아린 사람은 아무도 없으리라
더욱 가파라지는 산길 앞에서
서둘러 돌아서서 술국집 문이나 찾을까 하다가
키 작은 생각나무가 열어준 하늘빛
한 줌이라도 더 마시고 싶어
지친 무릎 일으켜 산길을 앞당긴다

브람스를 듣는 밤

꽃샘추위 매서운 손을 뿌리치고
목련이 눈부시게 목깃을 올리는 저녁
안드라스 쉬프*의 손으로 브람스의 피아노 3중주를
듣는다
청계천에서 주워 모은 부속들을 얼기설기 붙여 만든
낡은 진공관 앰프에 올려 주었는데도
쇳덩이에서 흘러나왔다고 생각할 수 없이
석간수를 따라 굽이치듯 맑은 소리를 내준다
취업률과 성적만이 머리맡에 놓인 강의실에서
느리게 느리게 걸어야 한다고 떠들고 온 밤
셋이서 각자 다른 악보를 따라가고 있어도
냇물이 다시 만나듯 어울리는 소리를 이루는
브람스를 듣고 있으면
영혼에 깃들 맑고 푸른 오솔길 보인다
그 길을 만나려면
서두르지 말고 천천히 걸어야 한다고
헝가리 태생의 연주자는 일러준다
비 한 줄기 제대로 긋지 못하는 청계천 노점
수십년 내리 어두운 벌집 공장에서 코일을 감는
장인들의 기름밥에서 나온 쇠는 결코 차갑지 않다

목적지에 서둘러 도착하면 금세 어긋난다고
브람스는 절정을 좀처럼 허락하지 않으면서
피아니시모로 클라리넷과 첼로를 번갈아 들려준다
부드럽게 쇠를 녹인 소리들이
독일빵집에서 갓 구워낸 빵 냄새로 채워져가는 밤
안드라스 쉬프의 손에 실린
음표들이 핏속에 링거액처럼 따스하게 풀려
저녁 끼니를 걸러도 왠지 영혼이 부푼다
천천히 가라는 라캉의 육성을 들려줄 때마다
조는 아이들을 꾸짖기보다
내일은 맑은 목소리로 깨워야겠다
오지 않는 클라라를 기다리는
브람스의 선율이 땅거미 너머 먼데를 보고 있다

*헝가리 태생의 피아니스트.

늪

신촌 젊음의 특구를 찾아 몰려드는 친구들이
완강한 군단을 이루어
앞뒤로 옴짝달싹할 수 없는 가을날
여름보다 뜨거운 열기를 피해 빠져나온 적이 있다
개미떼들 너머 환한 출구가 보여
가까스로 빠져 나왔나보다 한숨 돌렸더니
현대백화점 매장을 빙빙 돌아야 했던 날
신상품 가득 찬 매장은 헤어 나올 수 없는 늪이었다
이번에는 퇴근길 전철을 탔다가
환승역에 내리자마자
물에 빠진 듯 허우적거리며
인의 장막에 갇혀 표류하다가
헤어 나오려 애쓸수록 더 수렁 깊이 박혔다
위성도시로 돌아와 무거운 현관 문을 밀치고 들어서자
아내가 헌옷들을 꺼내 정리하며
옷이 날개가 아니라 짐이라며 투덜댄다
문득 돌아보니 기울어진 어깨 기댈 데 없이
천정까지 **빽빽**하게 쌓인 책들
전망 불투명한 세계를 훤히 들여다보리라

사들인 책들이 시야를 가리고 있다
재개발지구로 지정된 강 건너 덕천마을에서
밤에도 멀쩡한 건물을 부수느라
포격 같은 크레인 소리가 그치지 않는다
한껏 부푼 욕망으로 젖은 것들이
점점 더 깊은 늪으로 사람들을 밀어넣는다

피에타

김기덕의 피에타를 보고 나온 늦여름 오후
청계천 3가 임가공 공장들 밀집한 골목에 들렀다
아직 주말이 시작되려면 멀었는데
군데군데 불 꺼진 선반공장 반쯤 내려진 철문
사이로 더운 바람이 후끈하게 몰아친다
금방이라도 사채업자 하수인 이정진이
밀치고 들어올 것 같은 공기를
가와모토제 프레스가 예리하게 가른다
잘려나간 쇠 절단면에 비친 햇살
세상에서 이렇게 매끄러운 보석은 없다는 듯 반질거
린다
앙상한 기계 날 너머
뭉툭 잘려나간 프레스공의 손에 밴
기름때가 골목골목 햇살을 뿌린다
한강물을 되돌려 흘려보내는 청계천변
스모그를 뚫으며 서 있는 빌딩 아래
포장이 그럴듯한 백화점 선물꾸러미,
흥건하게 고여 있는 핏물을 보인다
출출한 김에 공구골목에 박힌 목로집에 들어가
잔치국수 한 그릇을 만다

따스하게 피어오르는 김 걷어내자
기름때 걷어낸 사람들의 얼굴
깨끗하게 비친다

붓꽃이 필 때

앞다투어 피어 향기를 자랑하던 봄꽃들
윤사월 못 넘기고 다 진 뒤
파리한 보랏빛 붓꽃만이 꿋꿋이 고개 든 채
꽃샘추위의 손찌검 견디고 있다
깨진 무릎으로 안양천 둑길 넘어와
겨우내 묵은 냄새 몰아내면서
농밀한 향기 나눠 아파트들의 잠을 깨우는
그는 얼마나 깨끗한 몸을 가졌을까
붓꽃을 만나러 자전거를 몰고 나간다
겨우내 억새를 붙들고 있던
부글부글 끓던 합성세제 거품,
늦장마 때 몰래 흘려보낸 공장 폐수 냄새가
휘발성 강한 분해제라도 뿌린 듯
말끔히 사라졌다
누가 저토록 힘든 짐을 떠맡았을까?
바큇살에 연방 감겨드는 봄볕이 버거워
자전거 멈추고 보니
붓꽃이 폐수 흥건한 진창 한가운데
무릎을 깊이 묻은 채
때 묻지 않은 향기

곧은 허리로 뽑아 올리고 있다
붓꽃 몇 송이 온몸으로 폐수를 걸러준 덕분에
마르고 깨끗한 데만 골라 다닐 수 있었구나!
늘 피해만 다니던 진창을
흙 묻은 발로 딛고 지나간다
안양천을 거슬러 올라가며
술기운처럼 번지는 폐수 냄새를 힘껏 밀어낸다

장사동 골목을 느리게 걷는

오래 곁에 두던 장전축 불빛이 꺼지자
귀가 막힌 듯 아무 소리도 들리지 않는다
잡음들로 발 딛을 틈 없는 세상 참을 수 없어
낡은 진공관 앰프 부품을 찾아
장사동 미로를 봄날 오후 내내 쏘다닌다
세운상가가 헐리면서 함께 철거된 줄 알았더니
빌리 할리데이의 흐린 재즈
진종일 흘러넘치는 오디오 부속상이며
소리 결 따라 잘라주는 금속조각집,
두드리면 어떤 소리도 뽑아준다는 공구가게 들이
늦는 애인을 기다리듯 해쓱한 얼굴로
쪽문을 반쯤 열어놓고 있다
구름을 뚫을 듯 빌딩들 올라가고
멀티플렉스 영화관 앞에만
젊은 친구들 몰리는 세상에
너무 빨리 돌아가는 세상을 참을 수 없다는 듯
빌리 할리데이의 느린 목소리를
따뜻하게 담은 진공관이며
오디오 저항들이 알몸으로 누워 있다
연분홍 루주를 바른 선술집 문턱이 닳아 있다

잡동사니 부속들 한데 모으면
쨍한 봄날에도 는개 철철 내리는 장전축 소리 되고
먼 나라 소식 담은 단파 라디오로 변신하는
장사동 벌집 골목은
아무리 쏘다녀도 끝이 보이지 않는다
청계천 흐르지 않는 물에
황학동 난장 노점상, 빗물 줄줄 새는 서민 아파트,
수십년 기름밥을 먹은 공구상들을
산 채로 빠뜨린다 해도
오뚝이처럼 다시 일어서는 꿈이
장전축 맑은 소리로 살아 있다
한 그릇이면 땅거미 지도록 쏘다녀도
지치지 않는 멸치국수 펄펄 끓는 김으로 피어오른다
핑핑 돌아가는 주식시장 전광판
디지털 영화관으로는 담을 수 없는
풍경들이 낮은 처마를 들치면
핑 눈물이 도는 그리움으로 다가선다
돈으로 장사 지낼 수 없는 것들이 포옹해 온다

카메라의 눈
-황학동 시장의 저녁

난장에 후줄근한 옷가지들이 산을 이루고 있다
비설거지를 도와 부는 마파람 심술부리는 대로
팔이 꺾이고 발등 찍히는 옷들을 보면
생인손 앓듯 사뭇 저릿하다
국수집과 자전차 가게 처마 밑에서
초가을 소나기를 긋던 사람들
어느새 몰려나와 제 치수에 맞는 것들을 골라가니
산은 금세 허물어지고 만다
산이 허물어지고 다시 길이 넓혀진다
한번 돌아보지도 않고 버린 것들이
사랑할 줄 아는 사람들에게서는
다시 보석으로 태어날 수 있구나
문득 구름 사이로 비친 햇살에 눈물이 번진다
보물 보따리를 챙긴 이들이
훌훌 마는 잔치국수 김이 따스하게 피어오른다

제4부
느릴수록 잘 보이는

노량진 바디샵에 들러

　지하철 1호선과 9호선이 어긋나게 교차하는 노량진 역에 들어서자마자 쏟아지는 바디샵 곤혹스런 향기를 풍만하게 담은 불빛이 그만 무거운 책가방을 내려놓으라 한다. 가슴을 아슬아슬하게 드러낸 마네킹이 속눈썹을 갈아 끼우며 철길 건너 수산시장에서 데불고 온 생선 비린내 퀴퀴한 청바지 벗어던지라 한다. 극장이라도 파한 듯 쏟아지는 인파를 가까스로 피해 역사를 나서자마자 사육신공원까지 늘어선 공무원 고시학원 간판들이 도망갈 생각을 말라며 똬리를 푼 비단뱀처럼 후끈하게 밀어붙인다. 밤 이슥토록 마른 잉크 빽빽한 페이지들 넘겨도 합격자 공고판에는 좁은 낭떠러지만 널려 있다. 원룸텔로 돌아가는 산동네 어두운 길을 지키던 수은등 누가 다 떼어갔나 했더니 바디샵에 다 모여 있다. 굳이 지방 흡입술 쓰지 않아도 바르기만 하면 두 달 안에 허리 잘록해지고, 기미를 말끔히 감춰주어 면접에도 쑥쑥 붙는다고 갈길 먼 친구들의 흐린 눈을 붙들어 놓고 있다. 바늘구멍같이 좁은 취업 문 앞에 기약 없이 줄 서지 말고 미끈하게 몸매 다듬어 맞선시장에 내놓으라고 붉은 루주 짙게 바른 입술을 부벼 온다. 힘들여 페이지들을 넘기지 않아도 몸 하나로 얼마든지 사막을 건널 수 있다고 술기운보다 독하게 끌어당긴다. 대학 문을 활짝 열어놓고 세상으로 돌아오는 문은 멱살을 움켜쥔 듯 좁게 만든 매서운 손은 보이지 않는다. 환한 바디샵 불빛을 향해 덤벼드는 불나방들 고시학원 문으로 달려들지만 끝내 출구는 보이지 않아 수북이 제 죽음을 딛고 넘어간다. 사육신묘로 가는 길 인파들에 떠밀려 흐지부지 사라지고 낮보다 훤한 밤이 흐린 눈 비비며 떠돌고 있다.

느릴수록 잘 보이는

어디로들 향해 가는지
뒤돌아볼 짬 없이 강한 자력에 끌린 듯
지하철로 빨려 들어가는 월요일의 사람들을 뒤로 한 채
청량리에서 강릉행 완행열차를 탔다
대관령터널도 직선으로 뚫려 동해가 코앞이라는데
태백 탄광지대를 반나절이나 에둘러 간다

갑절이나 비싼 여비가
속을 쓰리게 하고도 남았을 텐데
금세 짧은 생각의 바닥이 보인다
기차가 서지 않은 간이역 마당에서
손을 흔들어 주는 오리나무
화장기 없는 얼굴 봄 하늘에 헹구는
명자나무 연분홍 꽃이
모름지기 부자는 이런 것이라고 귀띔해 준다

숭숭 뚫린 폐광들 위에 선
카지노며 뒷문 엿보기 좋게 열린 모텔들
빨리 가자고 떠들지만

산 중턱에 떼닥떼닥 붙은 광부들의 벌집들
새벽은 구릿빛 근육과 땀으로 이루어져 있다고
묵묵히 말해준다

몇 번이고 빙빙 돌아 태백산맥을 넘고서야
팽팽히 당겨진 수평선 앞에 선다
깊이를 모를 동해의 푸르름
매양 똑같은 모습 앙상하게 드러내는 지붕들
무거운 단절을 담은 벽들 다 삼키고도 넉넉하다

거조암 정주존자에 기대어

 섣부른 입춘의 기대를 꺾어 놓으며 내몽골 쪽에서 황사로 눈을 벌겋게 비빈 한파가 밀고 내려온 날 영천 거조암 영산전(靈山殿)에 들었다. 배흘림기둥 하나로 천년을 너끈히 견뎌온 영험이나 빌릴까 찾았지만 처마가 짧은 낡은 절집은 감싸주기는커녕 풍경을 죄다 건드리며 바람과 놀아났다. 놀다가 이골이 나자 깊이를 모를 팔공산 벼랑 아래로 떠밀어 버렸다. 벼랑이 가파를수록 더욱 귀가 살아나는 된바람의 비밀 한 자락 얼음의 도가니를 짊어진 채 천년 도량에 들어서서야 비로소 풀 수 있었다. 때로 허벅지를 송곳으로 찔러야 깨이는 지루함을 견디며 오백 나한을 지킨 것은 구불텅하게 늙은 지팡이를 닮은 배흘림기둥이 아니라 흙벽에 숭숭 뚫린 구멍이라고 정주존자가 무거워진 배로 일러주었다. 정주(定住)인가 정주(正主)인가? 오래 함께 한다는 것은 지나가는 것들 멱살 붙들어 불룩한 배 앞에 꿇어앉히는 게 아니라 가던 길 잘 가도록 앞을 터주는 것이라고 종이를 바르지 않은 창이 일러주었다. 빗물을 막지 않고 줄줄 흘러내린 기왓장에 둥지를 튼 이끼가 묵언을 삼켰다. 무거운 시간의 꾸러미들을 얹을수록 거뜬해지는 배흘림기둥이 몇 차례고 덧난 상처를 아물리며 꿋꿋이 일어섰다. 팔작지붕 아래 창창한 둥지를 튼 거미가 더듬이다리로 묵은 시간을 잘라 갔다. 벼랑을 찾아 된바람이 서둘러 관통해 간 자리에는 상처 하나 남지 않았다. 문득 주지인 무문스님이 저물어도 내줄 수 없는 요사채가 미안했는지, 정주존자랑 수인사도 채 마치기 전에 공양간으로 불렀다. 산나물 몇 가지 따라 나온 저녁 공양을 마치기도 전에 벌써 팔공산 벼랑을 떼굴떼굴 굴러온 된바람이 하산길을 막아버렸다. 끊어질 것도 사라질 것도 없다며 풍경(風磬)이 귀를 활짝 열었다. 땅거미 빠르게 덮쳐갈수록, 산길을 훤히 꿰고 있는 석등의 눈이 맑아졌다.

*거조암(居祖庵) : 경상북도 영천시 청통면 신원리에 자리한 고려시대 사찰. 영산전에 오백 나한상을 안치하고 있다.

신주쿠, 구름다리, 신촌
-소녀는 진화한다!

　벗길수록 새 얼굴을 내미는 풍경에 이끌려 2월의 끝자락 내내 도쿄 신주쿠 일대를 쏘다녔다. 루미네 백화점 쇼윈도 한쪽에 붙박여 있는 역사를 가까스로 빠져나와 광장으로 풀리자마자, 익살스럽게 몸을 흔들어대는 거리 마술사들을 만나고 당신의 운명 한 자락까지 꿰고 있다는 듯 예언이 적힌 말들이 혀를 빼문 점집들이 멱살을 잡아끈다. 손에 잡힐 듯한 통유리 너머 합성수지로 요란하게 차려놓은 음식들이 빚어내는 식욕을 보면 왠지 서울의 신촌 어디쯤에 서 있는 것 같았다. 지루할 틈 없이 핑핑 도는 슬롯머신의 속도를 따라잡다가 전자 양판점에 진열된 슬럼덩크 데모버전에 입력된 대로 주먹을 날리다 보면, 독도를 겨눈 자위대의 함포며 사무라이의 서늘한 칼끝은 까맣게 잊혀졌다. 남의 나라인 줄도 모른 채 아무나 붙들고 서울말로 길을 묻곤 했다.

　다운증후군을 앓고 있는 아이들처럼 하나같이 똑같은 얼굴을 한 빌딩들 사이를 돌아다니다 보면 다시 제자리였다. 순례길에 한 블럭이 온통 옷가게들로 즐비

한 거리에서 마주 친 핀업걸의 시스루 패션과 곤혹스런 입술은 망각의 강을 건너 지금도 선명한 압화로 찍혀 있다. 날개를 단 옷들로 가득 찬 양판점 통유리 너머 플라스틱으로 빚은 여자가 '소녀는 진화한다!'는 말풍선을 쭉 뻗은 다리에 걸쳐놓고 있었다. 어지간히 지쳐 있던 차에 새빨간 립스틱의 유혹에 선선히 져주었다. 빠징코 불빛 사이로 실종되어 버린 숙소로 가는 길 한 가닥 찾을 수 있을까, 마르고 머쓱하게 선 패션 샵 꼭대기로 올라갔다.

　백화점 문을 밀고 들어오기만 하면 얼마든지 허물을 벗고 우화할 수 있다고 눈부신 마네킹이 시종 웃으며 팔짱을 껴왔다. 자석에 끌린 듯 통유리 문을 밀고 들어서자마자 더 이상 걷지 말라며 에스컬레이터가 지친 발을 받아 주었다. 마네킹과 함께 매장을 한 층씩 수위를 높여 갔다. 1층 쥬얼리 샵 들러 이미테이션 귀걸이를 고르며 안젤리나 졸리가 되었다. 2층 속옷 전문 매장에 들러서는 꼭 조이는 코르셋을 껴입으며, 3층에 들러 밀라노 패션으로 정장 바꿔 입자 금세 볼륨 좋은 제시카 알바가 되었다. 4층 네일샵 들러 손톱 다듬고 향수 뿌리면 빈민가 소녀도 얼마든지 마릴린 먼로가 될 수 있다며, 빨간 루주를 짙게 바른 마네킹이 귀밑에 뜨거운 입김을 불어넣었다. 신기루 저쪽에서 미끈한 다리를 들어올리며 여자는 보티첼리의 조개를 열고 나왔다. 온풍기 열기로 일궈가는 소녀의 꿈이 몰라보게 부풀어 갔다. 터질 듯 터질 듯 말간 거품을 타고 번져 가다가 마침내⋯.

이제 봄은 얼음장을 깨고 오지 않는다고, 옷 한 벌이면 얼마든지 운명을 바꿀 수 있다고 스무살 여자의 쭉 뻗어 올라간 다리 앞에 차마 눈뜰 수 없었다. 날로 진화되는 소녀의 뜨거운 입술이 현해탄 건너 신촌 오거리 복합빌딩을 떠돌다 상해 푸동 특구를 건너 멀리 홍콩 암시장까지 누르고 있었다. 압핀에 눌린 날개 파닥일수록 세상은 더욱 좁혀들고, 몇 겹이고 새롭게 벗겨지는 마네킹의 얼굴을 쫓아 불나방들이 제자리를 빙빙 돌았다.

신주쿠, 구름다리, 신촌
-카페 베네똥

신촌 오거리 카페 베네똥에 앉아
눈 내리지 않아 불임으로 눅눅해진 1월을
아이패드 화면 가득 가위손으로 풀어놓는다
배를 깐 채 꿈틀거리는 담배 연기,
부글부글 카푸치노 거품 부푸는 소리,
가청의 경계를 무시로 넘나드는 스피커 소음 들이
처진 솜처럼 뭉쳐 떠다니며
맑은 날일수록 더욱 가시거리를 좁힌다
그런 날이면 카페 베네똥에는
한자리에 죽치고 앉은 친구라곤 없다
내가 생각하지 않는 곳에 내가 있어
사전 통고라곤 한 줄도 받은 적이 없이
허공을 자유롭게 항해하는 페이스북 속에
수종사 무료찻집에 들른 나의 행적이 녹아 있고
감시카메라에 찍힌 마르고 볼품없는 얼굴이
제5열처럼 번지를 모른 채 브로커들 사이에 끼여
상처 없는 피 흘리고 있다
눈 내리지 않는 사막의 풍경을 이루며
비틀거리는 구텐베르크 은하계를 버리고

미지의 허공에 새 집을 마련하느라
불면으로 파리한 베네통 친구들을 보면
세계는 거미줄에 묶여 꼼짝 못하는 포로이다
1층 커피숍에 들러 아메리카노 한 잔 마신 다음
2층으로 올라가 이나영 식으로 머리 다듬고
남친 퇴근 기다렸다가 원빈 나오는 영화 1편 때린 다음
다시 7층 모텔로 옮겨 주말을 뜨겁게 달구는…
카페 베네통에는 멀티 플레이어들로 넘친다
30년 만에 몰아친 한파로부터 푸성귀를 지키느라
좌판의 비닐을 꼭 쥐고 있는
레깅스와 양말을 신긴 마네킹을 노점에 즐비하게 내놓고도
정작 자신은 내의조차 챙겨 입지 않은 어머니
내게 맞지 않는 옷들 산더미를 이룬
백화점 유리문 밖에 떨고 있어도
투명한 벽 너머에서는 머리카락 한 올 보이지 않는다
달포째 눈 내리지 않는 불임의 시간
아이패드 환하게 벗겨진 얼굴 가득
가위손 벌려가며
초록빛을 뺀 멋진 신세계를 펼쳐놓는 주말
장미 모텔로 통하는 엘리베이터는 만원이다

안양천의 가을

코스모스 향기 번지는 대로 열린 강변 길
날카로운 햇살도 자전거 바퀴살을 만나면
풀벌레 울음처럼 부드러워진다
지난여름 퉁퉁 부은 채 달리던 강물
마음만 급했지 황해로 달려가지 못하고
군데군데 웅덩이가 되어 고여 있다
내장이 다 드러난 냉장고
장마에 떠밀려온 스치로폼들 배부른 채 떠다니고
발뿌리 앙상하게 드러난 징검다리들
안양역으로 갈 엄두를 못 낸 채 멈춰서 있다
달리더뉴강물이 군포 염색공장 폐수를 안은 채
검은 낯빛이 되어 빙빙 도는 안양천변
무거운 몸을 버린 자전거 바퀴들만이
유행가 가락을 담은 채 빙빙 돈다
끝 보이지 않는 둑길 너머로
쳇바퀴 도는 삶을 건너 보낸다

분재

사랑한다는 것은 익숙한 어제와 결별하는 일
향일성의 타성이 깊이 밴
긴 팔부터 가지런하게 자른다
자신을 돌보지 않은 채
언제나 남의 시선을 빼앗느라
밖으로만 돌려졌던 눈을 감는다
겨우내 얼음의 도가니를 견뎌주었던
단벌옷마저 벗어던지고
매 발톱을 편 3월 앞에 맨몸으로 선다
기름지고 반반한 땅 버린 채
펀펀한 오지그릇만큼만 발을 뻗는다
아름다움은 제 분수를 넘어 꾸미는 게 아니라
아까운 것들부터 버리는 일
잘려나간 감탕나무 분재의 상처
아직 손댈 수 없이 뜨거운 주말
지켜야 할 몫들의 경계를 넘어
주인 자리를 차지한 살림살이들의
뻔뻔스러운 얼굴 그대로 둘 수 없어
몸에 맞지 않는 옷을 바닥에 쌓는다
술병을 제치고 장식장을 차지한

책들을 수북한 먼지째 뽑는다
서랍 속에서 멱살 잡힌 채
갑갑하게 눌려 있는 필기구들,
금방이라도 뒤프레의 울음이 쏟아질 것 같은
낡은 음반, 흐린 눈을 감춘 안경,
빈 페이지들로 불룩한 가방…
분수를 넘어 나를 치장하던 것들을 모아
재활용 분류함에 미련 없이 쓸어넣는다
속보다 두터운 외피들 다 벗어던지고
보지 않아도 좋은 것들을 찾아
분주하게 돌아다니던 발가락
애써 감싸던 신발마저 벗어 던지고
내 속에 온전히 갇힐 때
오랫동안 잃어버리고 있던 나
꽃샘추위 밀어내며 햇귀 한쪽 비쭉 내민다

렌즈에 담은 시

이제 종로 일대에서 맨얼굴을 가진 것이라곤
백 살은 너끈히 먹은 승동교회 담벼락뿐이다.
독립선언서를 읽던 태화관 자리를 차고앉은
머쓱한 빌딩 회전문에 끼일까봐
등 굽은 옛길 돌아가는 인사동 길.
시간의 물레 쉬지 않고 굴려가는 모습이 안타까워
맑은 눈의 렌즈에 담아주면
발부리까지 다가온 재개발의 사나운 이빨
저만큼 뿌리치며 따스하게 밀착해 온다.
박헌영과 이승만에게 번갈아 길 내주느라
군데군데 패여 있는 상처들에 깃든
맑은 영혼 해쓱하게 드러낸다.

몇 시간이고 빈 페이지를 넘기며
종아리가 가는 여자를 기다리던 책사
사라진 자리에는 불란서 빵집 불빛 화끈거리고
장인의 손때 말끔히 지운 채
값싼 중국산 루주 두텁게 바른 거리.
이 빠진 술잔 맞대며 객지의 찬 이슬 견디던
피맛골 낮은 지붕들 걷어내고
올라간 빌딩들의 턱은 얼마나 매끄러운가.

동포들의 빈약한 주머니 털어 천황에게 비행기를 헌납한
박흥식의 사과 한번 제대로 못 들은 채
속이 들여다보이지 않는 유리벽을 두른
증권사 사옥으로 변신한 화신백화점 지나
종로 와이엠시에이를 꺾어든다.
손 큰 주모가 마는 이문 설렁탕집
부침개 냄새 푸짐한 선술집 몇 군데 지나
늙은 승동교회 담벼락에 기대자마자
감전된 듯 저릿하게 다가오는 가을 볕
렌즈 가득 느긋하게 모인다.

언제나 지친 마음을 기대어도 좋도록
촉촉하게 젖어 있는 여인숙 사립문,
통기타 서있는 길모퉁이 카페,
헌책들 귀로 가린 고서점 창문
오랜만에 만난 피붙이처럼 살가운 골목에
잘 익은 단감 빛 저녁 햇살 모여 있다.
아버지의 손처럼 넉넉한 담벼락에 기대어
잃어버린 청춘의 번지를 찾느라
렌즈는 흐린 눈을 몇 번이나 닦았지만
무국적의 언어들 뒤얽혀 소란스러운
인사동 가는 걸음은 늦을수록 좋다.

웰빙 꼬꼬

처세를 몇 걸음 앞둔 저녁
건들장마 뒤따라 찾아든 무더위도 눅일 겸
아파트 상가에 들러 통닭구이를 고른다
불면의 밤에게 쫓기며 여윈 얼굴을 돌보고
수험 준비로 처진 아이의 어깨를 일으켜줄
토실한 놈에게 눈길이 간다
부화한 지 두 달밖에 안 되는 육계라
부드럽게 혀에 살살 녹아요
통닭집 주인의 말을 귓전으로 흘리며
말복 날 밤을 온 식구가 풍성하게 보낼 수 있었지만
막바지 여름과 싸우는 아이가 게걸스럽게 먹는 걸 보며
왠지 뼈 하나 없는 닭 가슴살이 목에 자꾸 걸린다
부화하자마자 날개 한번 제대로 펴지 못한 채
푸른 하늘조차 보이지 않는
비좁은 철창에 갇힌 새가 눈에 밟힌다
꽁지 한번 제대로 틀 수 없을수록
영양이 가득한 사료를 마음껏 먹을수록
유아기도 소년기도 거치지 않은 채
바로 가슴 불룩한 처녀로 커버린 암탉

처녀 딱지도 떼지 못한 어린것 위에
야근을 밥 먹듯이 하느라 키마저 제대로 자라지 못한
누이의 파리한 얼굴을 겹쳐 본다
제대로 살림 한번 펴볼 짬도 없이
손때 묻은 임대 상가에서 쫓겨나
난장에서 건들장마를 긋는 이웃들을 떠올린다
그날 나의 배부른 밤이
웃자란 이웃들의 불행을 딛고 있는 것 같아
꼬박 뜬눈으로 새벽을 밝혔다

모차르트의 편지

완도 화흥 포구를 떠나 보길도로 가는 배 위에서 모차르트의 편지를 읽는다. 금방이라도 굵은 비 쏟아질 듯 하늘 찌푸려져 있고 무시로 뱃전을 넘는 풍랑의 거친 이빨 앞에 놓인 나뭇잎 위에서 모차르트의 위기를 엿본다. 아내가 아이를 안고 집을 나갔어요. 오페라 작곡료는 아직 체불입니다. 아버지, 부쳐드릴 돈이 떨어져 삼분의 일만 보냅니다. 불 꺼진 난로 앞에서 기침을 쿨룩이며 악보에 마음이 담기지 않은 음표를 찍어가는 그를 생각하면, 악마의 바이러스는 시간의 벽을 뚫고 퍼져간다. 뱃전에 흔들리면서 사람들은 동백 향기며 예송리 앞바다 몽돌 철썩이는 소리를 떠올리지만 안개의 앞가슴 풀리며 와자지껄 열리는 포구의 풍경은 서울과 하나도 다르지 않다. 고대광실 버리고 거친 흙 일구어 시를 빚던 고산은 보이지 않고, 객지 맛 씁쓸하게 자아내는 기념품 가게들만 새끼줄처럼 꼬여 있다. 동백꽃 향기라곤 맡을 새도 없이 얼어붙은 파도를 일구어 건져올린 귀미역에 부친 고산의 뱃노래 들리지 않고, 땅끝에서 떠밀려오는 거친 파도만 동백나무 키를 훌쩍 넘고 있다. 세연정에 빠진 라면 봉지들이 솟아오를 자리를 찾아 진종일 숨막힌 채 떠다니고, 집 나간 고산은 끝내 돌아오지 않았다. 문득 한뎃잠을 자는 고산 위에 모차르트의 여윈 얼굴을 겹쳐 본다. 오페라 마술피리에 몰려든 관객들 손가락 사이로 찢겨진 악보 흩어지고, 남 몰래 새벽 공동묘지에 버려진 모차르트의 주소는 불명이다. 에필로그를 덮고 유배지 복판으로 팔려온 관객들이 방목한 양떼처럼 풀리는 걸 물끄러미 본다. 고산의 초옥에 주인은 보이지 않고 낯선 사람들의 떠드는 소리 소슬바람에 휘말려 올라가며 섬 하늘을 덮고 있다.

공세리 성당 길

배롱꽃 펄럭이는 가슴 무너지기 전에
아산만 건너 공세리 성당에 가보았나요
삼백년 묵은 느티나무 한 그루
7월의 석양을 힘겹게 받치고 있는 것 말고
볼 게 없어 실망한 적 있나요
번철 뜨겁게 달궈 고기 굽는 냄새도 없어
짧은 치마 도움이들 즐비한 노래방 하나 보이지 않아
발길을 돌리다가 흠칫 돌아선 적 있나요
손으로 만든 잿빛 벽돌로 지은 집 한 채
석양 빛 따라 하늘로 치솟는 걸 보았나요
공세리, 서산 홍주 넓은 들에 만개한
농부들의 등골을 뽑아
서울로 바칠 때면 북적이던 사람들
조창이 사라지자 썰물처럼 빠져나갔지
시흥 아산 천일염 따라 들썩이던 파시
염전 뭉개고 군항 들어서자
개미집 허물어지듯 흩어졌지
가을 밤 밝히던 어화 다 사라지고
울긋불긋 작부집 간판들만 즐비했었지

희고 맑은 빛 바래고
삭아 터진 고무신들만 널린
벌판에 선 백년 묵은 집 한 채 보았나요
홍등가 불빛처럼 번득이지는 않지만
온몸을 담아 쌓아 올린 벽돌,
석양빛 닮은 모자이크, 학의 주둥이 닮은 빗물받이…
수수한 동양화 같은 집
왜 이리 오래 살았을까 헤아려 본다
하느님 만나러 갈 때만
매끈하게 다리미질한 외출복 걸치지 않고
호미 날 찍힌 손,
김매다 바로 흙투성이 맨발로
미사 때 낮은 자리에 앉는 사람들로 넘치는 집
높고 화려한 도시
제 몸에 상처 내 스러진 뒤
비로소 석양빛에 들어 빛나는 종탑!

*공세리(貢稅里) 성당 : 충남 아산시 인주면 소재 성당. 120년 된 고딕식 건축물로 옛 조창(粗倉)이 있던 자리에 세워진 충청도 최초의 성당이다.

불란서 안경원

노량진 고시촌으로 박혀버린 채
몇 달째 소식이 없는 아이를 찾아 가는 길
불란서 안경원에 들러 렌즈를 고른다
책을 펴들 때마다 뿌옇게 가리던
잿빛 안개 비로 쓸어낸 듯 걷히고
고시촌 헝클어진 골목 곧게 펴질까
점심 때가 되어도 식당 문 밀 틈도 없어
포장마차 앞에 몰려서서
컵밥을 불룩불룩 목울대로 넘기는 아이들 속에서
내 아이를 알아볼 수 있을까
테두리 넓은 뿔테 안경을 고른다
골라주는 손이 가는 안경사 앞에서
침침해진 눈 크게 뜨고 시력을 재고
사각사각 뿔테에 맞춰 렌즈를 깎는 동안
강릉 초당 앞바다 파도는 몇번이고 출렁거렸고
그때마다 난설헌이 피로 쓴 시가 또렷하게 떠올랐다
이윽고 검은 뿔테에 안경알이 장착되고
흐릿한 간판 글씨들 안개 걷으며
와락 달려드는 풍경을 보며
하느님이 왜 시간이 갈수록 흐려지는 눈을

내게 주었는지 비로소 알았다
카페 베네, 파스쿠치, 엔제리너스, 투썸 플레이스
한 집 건너 늘어선 커피숍
빨간 루주를 바른 화장품 할인점
드라큘라를 손톱을 닮은 네일 샵들이
물을 만난 듯 안경테 안으로 몰려들었다
신호등이 눈을 부라린 채 지켜보고 있어도
넓은 등을 돌린 채
나이키, 아식스, 퓨마, 아디다스
낯 모르는 브랜드들이 이끄는 대로
몰려다니는 아이들이
하나같이 내 아이로 보여
여윈 등들을 뒤집으며
고시촌 골목을 오후 내내 순례했다
하나같이 같은 얼굴
하나같이 번들거리는 간판들
안경알을 닦으며 뒤집어도
내 아이는 보이지 않고
루프를 그리며 제자리를 빙빙 돌고 있었다

침묵의 사선

헤어 나오려고 비집을수록 젖은 습자지처럼 더욱 밀착된다
몇 번이나 문이 닫혔다가는
비쭉 삐져나온 옷자락 여미지 못한 채
황급하게 다시 열리고
몇 사람이 잽싸게 그 틈을 타 끼어든다
공간이 나지 않을 것 같은데도
고무공처럼 움푹 패이며 설자리가 생긴다
두 노선이 교차하는 지하철 사당역
당고개행 전철 칸에 설자리가 생긴 건
열차 간이 늘어나서가 아니라
여자들이 벌레를 피하듯 가슴을 움츠린 덕분이다
한 이불을 덮고 자는 사이보다
옆사람과 몸은 더 밀착되었지만
눈과 코 다가설수록 유령처럼 멀어진다
아무리 사이를 벌리려 해도
이미 그 여자의 가슴은 더욱 밀착되어 오고
열차는 동상이몽의 남녀들을 가득 실은 채
아슬아슬 한강을 향해 달려간다
그 와중에서도 승객들은 하나같이

스마트폰에 시선을 고정한 채 뗄 줄 모른다
전동차 칸을 늘릴 돈이 말랐다더니
문득 페이스북 화면을 가득 채운
왕자들의 필로폰 환각 파티를 본다
남은 주사기 하나는
처음부터 주인이 누군지 함구중이다
자동차 트렁크에 실린 사과 상자 속에 담겨 배달된
사임당 신씨의 행방은 오리무중이고
당고개행 만원 전철은 고무풍선처럼 팽창했다
옆사람 살과 하나 된 스커트가 두루마리처럼 말리면서
숨 가쁜 공기가 다정하게 팔짱을 껴온다

모란역 수퍼수퍼마켓

밝은 빛밖에는 감지할 줄 모르는 불나방들
날갯짓 부산할수록
번득이는 빛에 갇혀 눈이 멀고 만다
촉수 좋은 모란역 수퍼수퍼마켓은
가슴선 깊게 드러난 탱크탑을 걸친 여자
더운 속 냉커피로 달래고
서울로 가는 출근 전철 시간에 쫓겨
삼각김밥을 찾는 신입사원,
먼 시장으로 발품을 팔지 않고
저녁거리를 준비하는 아낙들
은행 마감 뒤에 급전이 필요한 남자들…
성능이 좋은 흡판을 가진 문어처럼
죄다 빨아들이고서야 제풀에 쓰러진다
밤 새워 뜬눈으로 달려온 성주 참외
갈라진 농심처럼 까맣게 탄
진천 참깨들 소리 지를 새도 없이
멱살 잡힌 채 밀려나고
보름이나 걸려 바다를 건너오면서도
농약 범벅으로 더욱 파릇한 바나나가
길 가운데까지 나와 벌거벗은 채 유혹한다

이제 뙤약볕 자글거리는 난장에 앉아
불어터진 잔치국수 따위 말지 않아도 된다며
천장까지 쌓인 컵라면과 함께
화난 사람처럼 펄펄 끓는 물을 건넨다
어린 것들에게 시달리느라 축 쳐진 젖무덤
걱정하지 말라며 쇳가루가 든 분유를 들이민다
찬물에 손 담가 밥 짓는 시간을 돌려
손톱에 그림이나 그리라며
보름이 지나도 쉬지 않는 햇반을 상자째 안긴다
구태여 타는 볕 아래
손발 힘들게 부리지 않아도 된다고
바다 건너온 먹거리들
배달하느라 바쁜 오토바이들
느린 신호등을 피해 달리는 동안
써니를 보며 여고 시절의 추억이나 캐라며
수퍼 건너 멀티플렉스관으로 통하는 엘리베이터
힘든 줄로 모르고 부산하게 오르내린다
모란역 수퍼수퍼가 엉덩이를 넓게 틀면서
묻어서 함께 떠밀려온
희고 미끈한 다리를 가진
오피스텔, 방송 댄스 교습소, 노래 주점, 네일 샵, 대낮일수록 어두운 안마시술소…
공룡 같은 허기를 메우는 동안
서울로 가는 뜨내기들의 성욕을 채우느라

음침하게 모자를 눌러쓴 모텔 뒷문들이
차단막 속에서 쉴 새 없이 철철철 흘러내린다
퇴색하고 너저분한 것들
죄다 쓸어 담아
손발을 부리지 않아도 좋은
편리한 세상이 열린 날
환한 불빛을 향해 달려갈 줄밖에 모르는
불나방들의 죽음을
읽는 눈은 감겨져 있다
선택을 망설일 겨를도 없이
수퍼수퍼의 큰 아가리로 쏠려 들어가며
사라진 토박이들의 그리운 이름들
다시 부르려 해도
끝내 닿지 않는 손
바코드 리더기 아래 뭉개져 있다

제5부
벼랑의 노래

삽화

　소치 동계올림픽에서 김연아가 혼신의 연기를 펼치고도
　러시아 소녀에게 금메달을 빼앗긴 날
　잠을 설친 사람들의 눈이 퉁퉁 부었다

　방송사 카메라들이 연일 연아의 꽁무니를 따라다니는 동안
　예고 없이 해고된 빌딩 청소부들이
　차가운 거리로 내쫓긴 소식
　슬그머니 사회면에서 사라져도
　누구 하나 눈길 돌리는 사람 없다

훔쳐본 것이 더 짜릿하다

군산 경안동 철로변을 걸은 적이 있다
금방이라도 달리는 기차 차창에 잡힐 듯
키 작은 처마들이 잇닿은 집들을 보면
왠지 불쑥 방문을 열고 들어가 보고 싶다
가끔씩 빼꼼히 열린 문틈 사이로
엿보이는 조브장한 방에서는
도란도란 따스한 얘기가 햇살을 타고 쏟아져 나올
것 같다
요즈음은 그런 키 작은 마을이라곤
포크레인으로 다 쓸어버려 찾아볼 수 없다
컴퓨터 화면에라도 휘갈겨 놓으면
거미줄을 촘촘히 깔아놓은 사이버 수사대들이
냄새를 맡고 채간다
엠바고 통제하는 통에 신문에 적을 수도 없다
그래서 엿듣는 쪽이 더 짜릿하다
위키 리스크를 보며 그런 생각에 잠긴다

남광주역

평양행 표지판을 단 열차 한 대
출발 시간을 잊은 채 역두에 서 있다
대처로 갈 짐을 이고 진 승객들로 붐비는 일도
바삐 뛰어다니며 빨간 깃발을 든 철도원도
더 이상 보이지 않고
끊어진 철길만이 노곤한 초여름 볕을 견디고 있다
구불구불 도심을 가로지르던 철길
빠르고 시원하게 달려야 한다며
걷어낸 자리에는 낯선 외지인의 건물이
머쓱하게 하늘을 찌르며 들어선 지 오래
서른해 전 시민군 청년이 죽음으로 새벽을 지키던 자리
달랑 박힌 항쟁 표지석 자라목처럼 들어가고
벌이 좋은 유곽이 들어선 지 오래
역사마저 허물어진 역전 터를 목철쭉 향기가 채우고 있다
모든 것이 바뀌었다고
멀리 바다 건너 파리나 뉴욕으로 끌고가야 한다고
시민군 마지막 교전지에 세워진 예술관이 시끄럽다
문득 설핏한 해를 도와 딱 붙은 배꼽을 달래러

역 앞 낡은 국밥집 들문을 밀고 들어간다
늙은 주모가 말아주는 국밥 맛이
사람살이는 예나 지금이나 마찬가지라고 일러준다
평양행 열차가 꿈을 접지 않았다는 듯
는개를 헤치며 경적을 울린다
민방위에 쫓긴 사람들이 열차 카페로 몰려든다

페루에서 온 악사

지방대학 다녀오는 길에 수원역에 내렸다가
기다리던 사람도 잊은 채
가슴을 파고드는 소리 쪽으로 나도 모르게 걸어간다
지상으로 통하는 계단 아래
페루에서 온 캄보밴드가 라틴 음악을 연주하고 있다
몇 사람은 기타를 치고 봉고를 울리고
황인종을 닮은 여자는 파도 치듯 박수를 치며
연신 흥을 돋우고 있다
향일성의 식물처럼 다가가던 나는
원을 그린 사람의 장막 앞에서 멈춰 선다
문득 관객의 키 훌쩍 넘어 들려오는 리듬에 휩싸여
누가 이토록 나를 바삐 불렀는지 돌아본다
기다리던 여자는 퇴근길 혼잡에 떠밀려 얼굴 보이지 않고
인간의 벽만 더욱 높아지는 수원역 지하도
나를 부른 건 고향을 떠나
이역을 떠도는 유랑의 혼이었다
검붉고 깊게 패인 악사의 얼굴에
일생 동안 흙짐만 져다 부린 아버지가 새겨져 있다
겉은 주름투성이면서 늘 아들의 저녁을 챙기던

어머니의 거친 손이 들어있다
페루의 악사는 악보가 아니라
내 안에 숨은 건반을 누르고 있었다
기다리던 사람 오지 않고
지하도를 비추는 저녁 햇살에 실려
오래 잊고 살았던 싱싱한 고향을 꺼내 본다
땅거미 아무리 덮쳐 와도 남쪽으로 가는 길
또렷하게 뼈대를 드러낸다

마리산을 오르며

여주 이포보가 베일을 벗은 날
소음 한 보자기 종로에 던지고 마리산을 오른다
반반힌 산길 보이지 않고
화강암 벼린 돌계단만 정수리까지 이어져 있어도
조금도 짐스럽지 않다
산문 들어서마자 길을 지워버린 마리산
조금도 답답하지 않다
갈수록 창창한 단풍나무 그늘 드리워
회색 도시에 찌든 산행객들
묵은 마음을 덜어낸다
화강암 한 계단 오르면 생강나무 맑은 향기 내밀어
한 계단 밀어 올리고
다시 아스라한 험산 막아서면
붉은 옷 단풍에 바람 담은 손 내민다
입동이 멀지 않은 만추
키 작은 수목 가족들 음덕으로 마리산 정수리에 딛
고서야
하나같이 다른 얼굴 가진 즈믄 계단 놓아
땀 서말 바치고서 비로소 정수리를 딛은 연유
아렴풋이 들여다보인다

참성단 마당에 서자
자욱한 안개 사이로 고단하게 펼쳐진 염전
짜고 매운 허리 잘 보인다
이제까지 걸어온 길
소금 짐을 진 아버지 휜 허리 딛고 온 눈물
물안개 걷으며 서서히 드러난다

벼랑의 노래

더 이상 다가오지 마
내게서 더 이상 파도의 눈을 빼앗아가지 마
서귀포 검푸른 하늘을 삼킬 듯
불륨을 한껏 높인 캠프 파이어와
객지 맛을 자아내는 노랫소리에 맞서
파도는 연방 벼랑을 더 높다랗게 들어올린다
산을 허물어 더 높은 아파트를 올리고
참꽃 흐드러지게 피던 무논을 뒤엎어
무뇌아들 쑥쑥 뱉어내는
공장 굴뚝을 앞다투어 올려
마을을 송두리째 바꿔놓은 마술은 얼마나 대단한가!
손톱만 한 실리콘이 금값을 웃도는 시장은
얼마나 뜨거운 전쟁터인가
그렇게 세상을 하루아침에 바꿔놓는 마술을 버리고
왜 다시 고향의 여인 머리채 내음
소용돌이치는 서귀포 바다를 찾느냐고
파도는 멀리 이어도까지 달아났다가
더욱 날카롭게 이를 다듬어
서귀포 앞바다로 돌아와 벼랑을 들어올린다
밤에도 깨어 잠들지 않는 마을이

바다 가까지 오지 못하도록
훤히 비치는 속살 뒤집는다
태초부터 한몸이던 바다를 갈라놓는
무기 띄우지 못하도록
벼랑의 노래 더욱 높게 부른다

빌리 할리데이와 함께

는개 질금거리는 12월의 오후
빌리 할리데이*의 흘러간 재즈를 들으며
귀가 망가진 교재들을 챙겨 넣는다
종강이라는 말이 떨어지기 무섭게
좁은 수용소에서 풀려난 듯
리포트를 던지며 강의실을 빠져 나가는
문화인류학과 친구들 등 뒤로 몰려오는 찬바람
봄 학기에는 저 철부지들을 다시 만날 수 있을까
땅거미 서둘러 몰려오는 창밖을 보면
집으로 가는 길 더욱 멀다
깊어가는 가을 맛을 더해가는 과일 대신
검둥이의 주검이 걸린 포플러들은
지금도 여전히 뿌리 뽑히지 않아
한 덩이 검은 빵을 얻기 위해
열네 살에 사창가에 몸을 던진 여자의
모래에 비빈 듯 사각거리는 목소리
검푸른 물안개로 풀린다
오직 가슴 밑바닥에 숨은 말 뱉기 위해
백인들이 무시로 드나드는 출입구 아닌
부엌에 달린 쪽문으로 무대에 올라가고

슬픈 카페에서 세 번째 남자와 헤어진 여자가
묶인 손을 만지며 코캐인에 코를 박고 있다
할리데이의 낮고 질긴 울음을 듣고 있으면
흐물흐물 낯선 흑인 여자의 얼굴 지워지고
고공 크레인에 다리가 걸린 누이와 닮았다
곧은 소리를 토해낸 시인의 입이
흑인 재즈 보컬의 맑은 눈과 겹친다
눈과 귀를 막은 페이지들 찢어도
살아있는 말을 담은 금지곡들
시간이 흐를수록 더욱 생생해지듯
얼음의 도가니에서 파릇파릇 피어날
보길도 동백꽃 하나 품는다

*빌리 할리데이 : 44세에 요절한 미국의 흑인 재즈 보컬리스트.

하늘 정원

　지하철 4호선과 7호선이 등나무 허리처럼 꼬이고 밀착해 가며 만나는 이수역 일대는 온통 북새통을 이룬 시장이다. 어둡고 숨 막히는 지하도 입구에서 배를 깐 채 후근하게 퍼지는 매연처럼 끝없이 쏟아져 나오는 사람들을 감당할 길 없어 건물마다 화장실 문을 꼭꼭 잠가 놓았다. 급한 김에 가까운 건물 계단을 올라가 밀라치면 전자자물쇠로 굳게 밀폐되어 있다. 훤히 비치는데도 속을 내보이지 않고 돌아서 있다. 이렇게 겉과 속이 다른 빌딩들이 밀림을 이룬 환승역 주변에서 화장기 없이 맨얼굴을 보여주는 곳이 있다. 십리 밖에서도 입간판이 보이는 멀티플렉스 극장 7층까지 엘리베이터를 타고 올라가, 극장표를 끊은 다음 화장실에서 볼일을 마치고 나오면서 만난 유리벽이다. 통유리창 앞에 서자 난쟁이처럼 작은 집들의 지붕이 고스란히 비친다. 뿌리를 내릴 손바닥만 한 땅 없어 플라스틱 물통에 뿌리내리고 자라는 은사시나무 몇 그루, 파릇파릇 귀여운 머리가 쑥쑥 올라오는 상추밭, 집어 들면 금방이라도 알통이 불거질 듯 야무지게 놓인 역기, 엉덩이 하나 틀기 힘든 부엌에서 제자리를 찾지 못한 채 딴살림을 차려 나온 옹기 몇 개, 파란 하늘에 한 뼘 더

다가설 듯 목을 뺀 옥탑방 들이 수건 한 장 가리지 않은 맨몸으로 좁은 지붕에 사이좋게 모여 있다. 산번지 철거지에서 만났더라면 땟국이 좔좔 흘렀을 것들이 비좁은 지붕 위에 도란도란 모여 앉으니 늦가을 바람의 손때 아무리 매서워도 끄떡없어 보인다. 하나같이 똑같은 표정을 짓고 있는 집들로 **빽빽**한 빌딩숲 구석에 알박기하고 있는 하늘 정원에서 눈 뗄 수 없어 본영화 시작 시간도 놓친 채 들여다보고 있는 렌즈 둘레가 퉁퉁 부어 버렸다.

슈베르트를 듣는 밤

안드라스 쉬프의 피아노 연주로
슈베르트의 즉흥곡을 듣는다
깊게 피가 밴 기침을 쿨룩거리면서
피아노가 없어서 무릎 위에 기타를 얹은 채
악보에 음표를 그려나간 가난한 음악가를 생각하면
비좁은 서재 곳곳에 번진 푸른곰팡이가
따스하게 입술을 부벼 온다
가난은 결코 부끄러운 게 아니라고
깡통인 된 통장, 바닥을 보인 양식은
두터운 영혼의 빵으로 채우면 된다고
안드라스 쉬프의 건반을 따라
맑은 숭어 뛰노는 선율이 어깨를 감싼다
비록 강사료는 쥐꼬리지만
아이들의 헝클어진 가슴 속에
눈앞의 돌부리 성성한 변방 넘어
수평선 팽팽한 먼 바다를 보여주면 된다고
내게 가장 큰 적은
차갑게 등 돌린 친구나
생인손 파고드는 저릿한 상처가 아니라
나밖에 모르는 것이라고

안드라스와 함께 온 슈베르트가
램프빛 목소리로 귀띔해 준다

그날 밤은 새벽까지 목이 말라
연필에 침을 발라 시를 썼다

바다가 숲 사이로

베르너 토마스가 안아 든 첼로로
자크린느의 눈물을 티 없이 받아 든다
하현달의 한 모서리에서
벗은 발로 끝자리까지
맑은 이슬을 굴리며 현이 옮겨가는 동안
무표정한 회색 벽 넘어
바다가 숲 가까이 겨울밤을 풀어놓는다

첼로의 현이 풍만하게 부풀면
티끌이 모이듯
슬픔도 함께 하면 큰 힘이 된다

팽팽한 궁륭이 되도록
첼로를 한껏 껴안는 주자의 손 따라
만월의 꿈이 부푼다
아버지의 굽은 등 팽팽하게 펴진다

마음 바닥까지 비워내며
실컷 울고 난 속이 후련하다
다시 파도가 몰려오는 소리 따라
온 마을이 하얗게 깨어 뒤척인다

청해호반에서

해발 3천미터 메마른 산들 사이에
맑은 눈 뜨고 있는 청해호에서 맞는 여름밤
세상에서 가장 많은 별가족을 본다
20년 만에 갖는 북두칠성과의 해후
마음의 눈을 맑혀주는 것은
버려도 버려도 넘쳐나는 물질이 아니라
신이 내린 유리창을 깨끗하게 닦는 일이다
토끼풀의 가는 허리마저 덮으며
밤새 불어젖히는 모래바람
지상에 쌓는 일이 얼마나 어리석으냐고 묻는
티벳 고원의 밤하늘 아래서
서울에 삼켜지면서 잃어버린 꿈을 헨다
오늘 살아갈 양식이 바닥을 드러낼 때
이리떼로부터 목숨같이 지켜온
어린 양을 하늘로 보내는
유목민 마을에 뜬 별이 유난히 곱다
사람이 만든 길을 벗어나
청해호에 잠긴 별을 한 줌 건진다

몽탄에 가서

목포 파시의 산해진미를 지척에 두고도
음모처럼 깊이를 알 수 없는 가을 안개
막막하게 길을 지워 버린다
서두를수록 미궁에 빠져 헤어나올 수 없다
매복병처럼 여울을 가린 채 수런거리는 갈대
헤치며 앞으로 갈수록
마음을 다 베이고 만다
황해에서 불어온 바람 한 줄기
저 진창을 건너다 견훤도 죽었다고 귀띔하는
10월의 차가운 끝자락
비로소 지나온 길을 돌아본다
안개 낀 몽탄은 빨리 달리는 길에
네가 없다고 멱살을 잡는다
갈대로 마음을 저며
한 발자국도 앞으로 나가지 못하게 한다
그때 문득 진창에 빠져
목만 겨우 내민
연꽃들이 건넨 향기가 손을 내민다
비로소 눈이 보이지 않는 것일수록
더 분명하다

견훤이 수만의 오랑캐들 피해
베이지 않고 처소에 다다르듯
잔치가 사라진 목포 파시로 가는 길 접고
몽탄 안개의 진창에 몸을 던진다
지나온 길을 지우고
보이지 않는 길 한 가닥
내 안에서 찾는다

학림 다방에서

시간은 결코 앞으로만 흐르지 않는다
몇 십 년은 족히 묵은 검버섯 성성한 탁자
이가 어긋나 삐걱거리는 계단
이국을 떠도느라 지쳐 해쓱해진
첼리스트 미야 마이스키를 보며
씁쓸한 커피를 마신다
단돈 이십 원만 있으면
혜화동 하숙촌에서 몇 달은 거뜬히 살았다는 김지하
커피 한잔 시켜놓고 진종일 무진기행을 써내려간
소설가 김승옥을 떠올리며
슈베르트의 아르페지오네 소나타를 듣는다
낡은 스피커에서 흘러나오는 저음이
주말 대학로를 가득 메운 소음을 거뜬하게 밀어낸다
옛 문리대를 다니며 글을 쓰던 젊은이가
이제 황혼을 바라보는 나이에 돌아와
LP판을 닦고 커피를 볶는 풍경이 따스하다
잔뜩 볼륨을 올린 대학로의 소음을 등진 채
배 부른 낙산을 향해
힘껏 돌팔매를 날린다

■해설

세상을 비추는 다섯 갈래 빛
-「칼국수 이어폰」을 읽고

양 균 원
(시인·대진대 영문과 교수)

Ⅰ.

시가 생산되는 과정은 크게 두 가지로 나눠볼 수 있다. 첫 번째는 시인이 세상과의 만남에서 쌓아가는 체험의 과정이고 두 번째는 그렇게 해서 시인에게 생성된 어떤 것을 언어화하는 과정이다. 교실이나 워크숍 또는 각종 시 관련 서적에서 우리가 서로 다루는 내용은 두 번째 종류의 것이다. 시의 분석이나 창작 지도에서 중요하게 취급하는 시의 요소들은 언어의 구성에 초점을 두고 있는 것이다. 우리는 언어의 사용 방식이 일으키는 온갖 효과에 민감하게 반응하면서 그러한 감을 발달시키고 유지시키려고 노력한다. 그러한 결과인지 우리는 멋진 시어와 기발한 표현들이 범람하는 시대에서 다시 새로운 무엇을 찾아야하는 어려움 속에서 시를 쓰고 있다.

 그렇지만 잘 빚어진 시가 항상 감동을 주는 것은 아니라는 것을 우리의 경험은 알려준다. 호흡이 비정상적으로 어떤 시에 대해 어쩔 수 없이 끌리게 되는 경우가 있다. 시의 감동은 언어의 유희성에 못지않게 그것이 재현하고자 하는 원초적 체험과 밀접히 관련되어 있는 경우가 많다. 물론 이러한 체험이 그것에 등가적인 언어의 형식을 갖추지 않는 한 시가 될 수 없다는 것은 자명하다. 그렇지만 시를 짓고 읽는 행위에서 언어 이전의 체험에 보다 의식적으로 주목해야할 필요가 있는 것 또한 분명해 보인다. 오늘날 우리는 시인과 세상의 교우에서 일어나는 체험의 방식에 대해서는 상식적 수준에서 관심을 보이는 반면 언어로 결정화된 시의 형태에 대해서는 지나치게 전문적이라고 할 정도로 온갖 관념들을 쏟아내고 있다.

 우리가 가장 먼저 던져야할 질문은 어떻게 표현할까가 아니라 어떻게 느끼고 생각할까가 아닐까 자문하게 된다. 여기서 어떻게 느끼고 생각할까 하는 것은 시인이 세상을 수용하면서 그것에 대처하는 방식을 함축한다. 시가 다루는 세상은 세상 그 자체가 아니다. 그것은 시인의 정신을 통해 재현된 세상이다. 정신의 중개 없이 세상은 존재하지 않는다는 전제에서 그렇게 구성된 세상은 어떤 의미에서 세상 그 자체라고까지 말할 수 있다. 시를 읽고 쓰는 행위에서 우리는 우선 세상이 어떻게 시인의 정신에 들어나게 되는지 살피고 그 후 그렇게 구성된 세상이 어떻게 효과적으로 언어화되는지 탐구할 필요가 있다. 시의 감동은 종종 잘 빚어진 언어에서보다 세상이 시인의 정신에 담기는 특이한 방식에서 발원하기 때문이다.

시인이 세상에 대처하고 그것을 수용하는 방식은 넓게는 시대와 문화에 따라 그리고 좁게는 개인의 기질과 성향에 따라서 느슨하게나마 한시적으로 어떤 틀을 유지할 수 있다. 하지만 그것은 근본적으로 유동적이다. 서정시가 발원하는 곳은 한 개인으로서의 시인이 그에게 특정적으로 주어진 시간과 공간 내에서 세상과 이루게 되는 접촉이다. 이 접촉은 지속적으로 다른 시간과 공간으로 옮겨가기 때문에 그리고 세상을 대하는 시인의 정신 또한 무한한 경험과 인상들이 들락거리는 통로와 같은 것이기 때문에 그러한 접촉에서 구성되는 세상은 매번 다른 양상을 띠기 십상이다. 시에서 사랑의 주제에 대한 탐색이 불변의 본질을 향해 회귀하는 듯해도 무한하게 분화하여 다채로운 색깔과 향기를 내는 이유가 여기에 있다.

Ⅱ.
시인이 세상을 수용하고 대처하는 다양한 방식에서 시의 가장 중요한 가치들 중의 하나인 특수성이 가능

해진다. 시인과 세상 사이의 만남의 양상은 양자가 서로 영향을 주고받는 방식에 따라 달라질 수 있다. 시인의 정신은 바깥세상을 그의 기억과 욕망 그리고 의식 등에 뒤섞여 새 세상을 형성한다. 바깥세상이 지구가 하나인 것처럼 동일하다고 해도 시인의 정신을 통해 생산되는 세상은 수천갈래로 달라질 수 있다. 이와 같은 접근법에서 보면 시는 궁극의 진리나 완전한 형식을 드러내는 순간에서보다 그것에 대한 지향에서 일시적으로 파생되는 무수한 분산들을 구현하는 순간에서 더 큰 감동을 일으킬 수 있다.

이 세상에 개인은 없다. 이 세상 모든 이는 결국 개인이다. 시인은 이 두 가지 언급이 모두 진실이 되는 어느 차원에서 시를 쓰고 있다. 위 시에서 화자는 영화 상영을 기다리는 동안 자신의 내면으로 침잠해가고 있다. 그런데 아마 혼자 그 자리에 처했을 그가 역설적으로 부단하게 다른 사람들을 떠올리고 있다. 시선이 밖을 향하면서도 안을 향하는 것과 마찬가지인 경우가 있다. 특히 자연을 다루는 시에서 바깥 사물은 그 자체로서보다 시인의 내면세계를 구축하기 위한 수단으로 사용되는 경우가 많다. 그런데 이 시의 화자의 시선은 우리가 살아가는 시대의 그늘진 구석을 의식적으로 향하고 있다. 의식의 흐름과 연상의 방식에서 그가 무의식적으로 떠올리는 것과 의지적으로 찾아가는 사건들이 뒤섞이고 있다. 그의 독서경험까지 한 몫 하여 미국의 반전시인 긴즈버그(Allen Ginsberg)가 등장하고 밀러(,Henry Miller)와 로렌스((D. H. Lawrence)가 동무가 되어주고 있다. 그가 생전 만난 적 없는 그들과 이루는 역사의식은 세상에 대처하는 그의 방식에 영향을 준다.

이 시는 영화관 문 앞에서 상영을 기다리며 잠간 휴식을 취하고 있는 "사람들"의 시간을 다룬다. 시간은 길게 늘어지고 축 처져서 그동안 화자는 우리 시대의 감춰진 상처들을 떠올리고 다시 그것들에 무관심한 사람들을 목격한다. 소파에 파묻힌 사람들이 꽂고 있는 이어폰이 그에게 칼국수를 생각나게 한다. 길고 꼬불꼬불하게 늘어진 이어폰은 칼국수가 누군가의 입에서 미끄러져 바닥에 떨어지는 것처럼 보인다. 그것은 기다리는 사람들에게 '배를 깐 채 뜨겁게 흘러'가고 또 사람들의 '목을 감고 어깨로 흘러내린다.' 이 칼국수의 이미지는 현대인의 전유물인 이어폰의 이미지와 하나로 맺어져서 그에게 '바닥까지 늘어뜨려져 있지만 누구 하나 거둬들이지 않는' 소통불능의 고통을 상징한다. 화자는 지저분하고 어수선한 시간 속에 갇혀 답답하다. 결국 그의 시선은 치킨을 먹고 맥주를 마시며 음악을 듣는 사람들을 지나 바닥에 나뒹구는 신문지상에서 팽목항 보도 사진에 도달한다.

이 시의 화자에게도 개인적 사랑과 고통은 시의 중

요한 충동일 것이지만 그는 여기서 다른 종류의 욕구를 표현하고 있다. 그가 세상과 맺는 관계는 보다 비개성적이라고 할 만하다. 그의 관심은 개인적 호불호에 다라서가 아니라 공적 문제에 대한 의식을 통해 전개되고 있다. 그는 자신과 세상 사이의 비의적 통로를 열려하기보다 역사의 흐름 속에 있는 사회상을 들추려고 한다. 그래서 그의 기억과 의식은 세상의 구석에서 다른 구석으로 자구 확장해가면서 피할 수 없이 어두워지고 있다.

　이 시의 화자는 공동체의 일원이지만 역시 동떨어진 개인이기도 하다. 개인의 삶은 사회와 문화 그리고 역사의 층위에서 발생하는 비개성적 문제들에 노출될 수밖에 없다. 시인은 개인의 삶에 관여하는 심층적 요소들로서 사회와 역사에 대해 보다 의식적으로 접근할 필요가 있다. 시인은 개인으로서의 자신에 대해 피력하는 경우에도 자신이 공동체의 다른 개인들과 피할 수 없이 엮어 있다는 것을 지각해야 한다. 하지만 그렇다고 해도, 개인의 과실과 상관없이 그에게 부과되는 사회적 역사적 문제들의 무게를 감내하는 주체는 공동체나 집단이기보다 궁극적으로 개인이다. 그러한 개인들의 연대가 힘이 되는 게 사실이고 역사의 발전에 보탬이 된다는 믿음이 위안을 준다고 해도 수시로 닥치는 고독과 뒤처짐의 느낌은 지극히 개인적일 수밖에 없다. 이 시의 화자는 시끄러운 영화관 휴게실에서 '칼국수 이어폰'처럼 늘어져 있다. 그는 이어폰으로 소파 깊이 늘어져 있다가 영화관 바닥에 떨어진 칼국수 가락이 되어 흘러가고 있다. '짜릿한' 리듬을 타고 있는 사람들의 '무관심' 속으로.

칼국수 이어폰

찍은날	2015년 11월 5일
펴낸날	2015년 11월 15일
제2쇄	2016년 12월 1일
지은이	박몽구
펴낸이	박몽구
펴낸곳	도서출판 시와문화
주 소	(13955) 경기 안양시 동안구 경수대로 883번길 33, 비산동 꿈에그린아파트 103동 204호
전 화	(031)452-4992
E-mail	poetpak@naver.com
등록번호	제2007-000005호 (2007년 2월 13일)

ISBN 978-89-94833-16-3(03810)

정 가 10,000원

*이 시집은 2014년 한국문화예술위원회의 아르코문학창작기금 지원으로 발간되었습니다.